VENETIE
MD
MVRAN
S

DIE TÜRME VON VENEDIG

DIE TÜRME VON VENEDIG

ANSICHTEN · AUSSICHTEN

Text: Tudy Sammartini
Photographie: Daniele Resini

HIRMER VERLAG

Abbildung auf der Umschlagvorderseite:
Der Campanile von San Marco von San Francesco della Vigna aus gesehen.

Abbildung auf der Umschlagrückseite:
Blick vom Campanile di San Giorgio Maggiore in westlicher Richtung

Übersetzung aus dem Italienischen: Anja Brug

Die Deutsche Bibliothek – CIP-Einheitsaufnahme:
Ein Titeldatensatz für diese Publikation ist bei der Deutschen Bibliothek erhältlich

Lektorat: Dr. Veronika Darius-Tegethoff

Gestaltung der Orginalausgabe: Scibilia & Scibilia
Lithografie: Eurocrom 4
Druck: Grafiche Vianello srl – Ponzano Veneto (TV)
Bindung: Legatoria Friulia – Maniago (PN)

ISBN: 3-7774-9440-2

Printed and bound in Italy

Dieser Band wäre in der vorliegenden Form nicht ohne Hilfe zahlreicher Personen zustande gekommen:

Wir danken insbesondere Enzo Cuciniello und Gianni Menin für die Überlassung ihres Verzeichnisses der Glockentürme, den Monsignori Mario Sinigaglia, Aldo Marangoni, Angelo Meneguolo, Gino Bortolan und allen Pfarrern, die uns den Zugang zu den Kirchtürmen ermöglicht haben. Unser Dank gilt desweiteren dem Ateneo Veneto, das uns die Bücher zur Verfügung gestellt hat, Gerolamo Marcello, der uns den Zugang zur Bibliothek ermöglicht hat, Mario Paoletti für Einsicht in die Bücher seines Ururgroßvaters Ermolao, ferner Antonio Foscari, Alberto Ongaro, Piero Pazzi, Francesco Tentori, Lina Urban, Michele Zaggia für die wertvollen Hinweise, meinen Assistentinnen Laura Hierche und Minù Habibi Minelli sowie Fiorella Bulegato, Elisabetta Ballarin, Paoletta Fortuna und allen Mitarbeitern des Studio Scibilia.

Unter der Schirmherrschaft des

UNESCO
VENICE OFFICE

Das Wunderwerk Venedig von seinen Glockentürmen aus betrachtet

Die Stadt des Francesco Sansovino, »nobilissima e singolare«, konnte – so unglaublich es scheinen mag – ihre historische städtebauliche Anlage und den ursprünglichen achitektonischen Grundplan bewahren. Die außergewöhnliche Ansicht von Jacopo de' Barbari aus dem Jahre 1500 führt uns eine Stadt vor Augen, deren Ausdehnung sich in ihrer gegenwärtigen Gestalt erhalten hat. Wie üblich ging die Vergrößerung des Stadtgebiets gleichzeitig mit der Zunahme der *parrocchie*, der Pfarreien einher, deren Campanili – alle einander ähnlich und doch verschieden – sich wie wahre Leuchttürme über die Stadt erheben.

Im Laufe der Zeit haben die Venezianer immer wieder die Wasserverhältnisse und die Schutzsysteme der Lagune verändert. Die Maßnahmen der letzten zwei Jahrhunderte waren nicht immer heilbringend; besonders die Erweiterung und das Ausbaggern der Kanäle hat das Risiko einer Verschmutzung der Lagune vergrößert. Nach tausend Jahren der Fortentwicklung und der an ein Wunder grenzenden Erhaltung werden Venedig und die Lagune von neuen Gefahren bedroht, etwa der Erwärmung unserer Biosphäre, die mit einem in dieser Form noch nie dagewesenen Anstieg des Wasserspiegels der Meere einherzugehen scheint. In den letzten dreißig Jahren haben zahlreiche wissenschaftliche Studien über das Ökosystem der Lagune, die Hydrodynamik, die Gezeiten, die Geodynamik und die Verschmutzung dazu beigetragen, unsere Erkenntnisse über diese so vielschichtige Umgebung zu vertiefen und mit einem speziell abgestimmten Verhalten zu reagieren. In Anbetracht der Klimaveränderungen wird es nötig sein, schnellstmöglich und mit langem Atem international wissenschaftlich tätig zu werden. Eine dafür geschaffene wissenschaftliche Einrichtung sollte die dauernde Überwachung der Lagunen, der Flußmündungen und der Küstenfeuchtgebiete zur Aufgabe haben und den Einfluß der Klimaveränderungen auf das Funktionieren und auf den Zustand des Adriatischen Meers, der »Nährmutter« der Lagune von Venedig, kontrollieren.

Unser Wunsch ist es, daß der außergewöhnliche Blick auf Venedig von seinen Glockentürmen aus uns Erkenntnisse vermitteln und unsere Vorstellungskraft anspornen möge. Tudy Sammartini und dem Photographen Daniele Resini gebührt unsere Anerkennung, daß sie mit unendlicher Geduld so intensive Momente des Lebens in unserer Stadt eingefangen und das unangreifbare Erbe der venezianischen Landschaft, wie sie schon Jacopo de' Barbari beobachtet hatte, festgehalten haben. Das Büro der Unesco in Venedig schätzt sich glücklich, diesem Werk, das zweifellos in die venezianischen Annalen eingehen wird, die besten Wünsche mit auf den Weg zu geben.

Prof. Pierre Lasserre
Meeresbiologe
Direktor der Unesco-Außenstelle
für Wissenschaften in Europa
(ROSTE), Venedig

Maria Teresa Rubin de Cervin
Archäologin

Inhalt

Einführung

Tudy Sammartini

Zauber und Einzigartigkeit des Wunderwerks Venedig wurden schon früh wahrgenommen: In ihren Berichten beschrieben die ersten Pilger auf der Durchreise ins Heilige Land voller Erstaunen die Stadt, schilderten den Farbrausch der freskierten Fassaden, die mit wertvollen Marmorintarsien dekorierten Paläste und den Anblick, wenn all diese Pracht vom Spiegel des Canal Grande als unaufhörlich bewegte Lichtreflexe zurückgeworfen wurde. Im 18. Jahrhundert faßte Martino da Canal seine Eindrücke von der Lagunenstadt in folgende Worte: »Die Waren strömen durch jene Stadt, wie das Wasser der Quellen. Venedig ersteht auf dem Meer und das Wasser durchfließt es in der Mitte und allerorten, außer in den Häusern und den Wegen, und wenn sich die Bürger auf den Plätzen treffen, können sie entweder zu Land oder zu Wasser nach Hause gelangen.«

Im Übergang vom Mittelalter zur Renaissance offenbarte Jacopo Bellini ein modernes Venedig. Seine den Gepflogenheiten der Zeit entsprechend aus Pergament bestehenden Skizzenbücher, heute im Louvre verwahrt, lassen sich zwischen 1430 und 1450 datieren. Bellini schuf ein streng nach den Regeln der Linearperspektive gestaltetes Venedigbild, das konsequent in der Florentiner Darstellungstradition verhaftet war. In Florenz nahm die weiterhin gotische Architektur bereits ein für die Renaissance wesenhaftes Gepräge an, und die Vorstellungen des klassischen Stils der Antike fanden Eingang in das alltägliche Leben. Der Vedute, auch wenn sie ähnlich den Capriccios des 18. Jahrhunderts einen idealisierten Blick wiedergibt, lag doch die Wirklichkeit als Vorbild zugrunde – und uns eröffnet sie heute die Möglichkeit, so manches Detail wiederzuerkennen: Statuen, Gebäude, Kuppeln und Glockentürme lassen sich auf Vergangenes zurückführen.

Als noch prägnanteres, wenn auch nach wie vor idealisiertes Abbild der wirklichen Gegebenheiten sind die Intarsiendarstellungen in der Sakristei von San Marco aufzufassen. Es handelt sich um Werke von Antonio und Paolo Mola aus dem Jahr 1497, die wahrscheinlich 1525 von Fra Vincenzo da Verona fertiggestellt und restauriert wurden. Der Frate hatte bereits in der Kirche von Santa Maria in Organo in Verona einige Einlegearbeiten ausgeführt. Nicht zufällig war sein wichtigster Mitarbeiter Fra Antonio da Venezia, der 1493 in den im Kloster von Sant'Elena in Venedig ansässigen Orden der Oblaten eingetreten war. In der ersten und allein den Gebrüdern Mola zugeschriebenen Holztafel wird die Darstellung durch einen Bogen gerahmt, der jenen in Carpaccios Gemäldezyklus der Ursula-Legende – die Bilderfolge befindet sich heute in den Gallerie dell'Accademia – gezeigten Bögen ähnelt. Der große Bogen öffnet den Ausblick auf die Stadt, in der durch die horizontalen Fluchten der Gebäude und das Linienspiel des Fußbodens Tiefenräumlichkeit erzeugt wird. Die Fahnenstange mit der Markusstandarte teilt den Bildraum nach den Regeln des Goldenen Schnitts. Den im Vordergrund erscheinenden Turm schmücken im unteren Bereich ein Markuslöwe, im Obergeschoß das Sonnensymbol des hl. Bernhard. Darüber erhebt sich ein von Zinnen eingefaßter, achteckiger Tambour, den eine orientalisierende Kuppel überragt. Eine ähnlich gestaltete Spitze findet sich bei dem linken, leicht in den Hintergrund gerückten Campanile. In einer dritten, etwas niedrigeren Kuppel klingt das Dach von San Zaccaria an, während der rechte Glockenturm mit der hohen polygonalen Spitze die für Venedigs gotische Campanili typische Turmhaube trägt. Seit jeher geht von der kunstvollen Intarsienarbeit eine starke Faszination aus, die in den vollendeten architektonischen Kompositionen, in den exakt durchdachten, an der Lehre des Luca Pacioli orientierten Proportionen und schließlich in den getreuen Zitaten begründet ist, wie etwa dem Uhrturm, den Mauro Codussi im Auftrag der Prokuratoren von San Marco in jenen Jahren zwischen 1496 und 1499 ausgeführt hatte.

Die zweite Tafel zeigt den Augenblick, als sich der hl. Markus dem Dogen im Festtagsornat und zwei hinter ihm stehenden Prokuratoren offenbart. Der Heilige

LINKE SEITE
Die Glockentürme von San Giorgio dei Greci und San Francesco della Vigna von San Zaccaria aus gesehen.

erscheint als Halbfigur auf einem Pfeiler. Es handelt sich um eine einzigartige Formulierung dieses Bildthemas, zumal sich das Wunder hier nicht in der Cappella Marciana, also in der Markuskapelle, vollzieht – wie es die Darstellungstradition der Mosaiken verlangen würde –, sondern im Freien stattfindet. Die im Hintergrund zu sehende Kirche läßt an die Kapelle von San Teodoro denken, die auf einen Entwurf von Giorgio Spavento zurückgeht. Spavento stand ab 1486 als Proto den mit der Instandhaltung der Basilika von San Marco betrauten Procuratori de Supra vor, weshalb seine Urheberschaft für die Sakristei naheliegt. Die beiden Glockentürme – den einen bekrönt ein polygonales Dach, der andere im Hintergrund schließt mit einer konischen Spitze ab – lassen sich in ähnlicher Form in der Stadtansicht von Jacopo de' Barbari ausmachen.

An der Zeitenwende vom Mittelalter zur Renaissance wurde die Legende von der Auffindung des hl. Markus um weitere Inhalte und Bedeutungen bereichert: die Anerkennung und die Verherrlichung Venedigs als Himmlisches Jerusalem und zugleich als politisches und religiöses Zentrum von hohem Ansehen, das einen Ausgleich zum politischen Supremat des Papstes darstellte. Nach dem langsamen Verlust seiner Vormachtstellung auf den Gewürzstraßen pflegte Venedig stets den Mythos und die Kunst der Selbstverherrlichung und machte sich dabei die Erfahrungen der Stadt Byzanz zunutze. Ausdruck dieser glorifizierenden Tendenzen ist unter anderem der Wandteppich, der den hl. Markus zeigt, während er die Familie des Aniano tauft. Wie die drei anderen für die Dogenkapelle gefertigten

Antonio und Paolo Mola (zugeschrieben), Stadtansicht, 1497, Holzintarsie, Sakristei von San Marco.

Ansicht der Kirche San Paternian von Ermolao Paoletti, Il fiore di Venezia, Band II, S.47.

Antonio und Paolo Mola, Erscheinung des hl. Markus, 1497, Holzintarsie, Sakristei von San Marco.

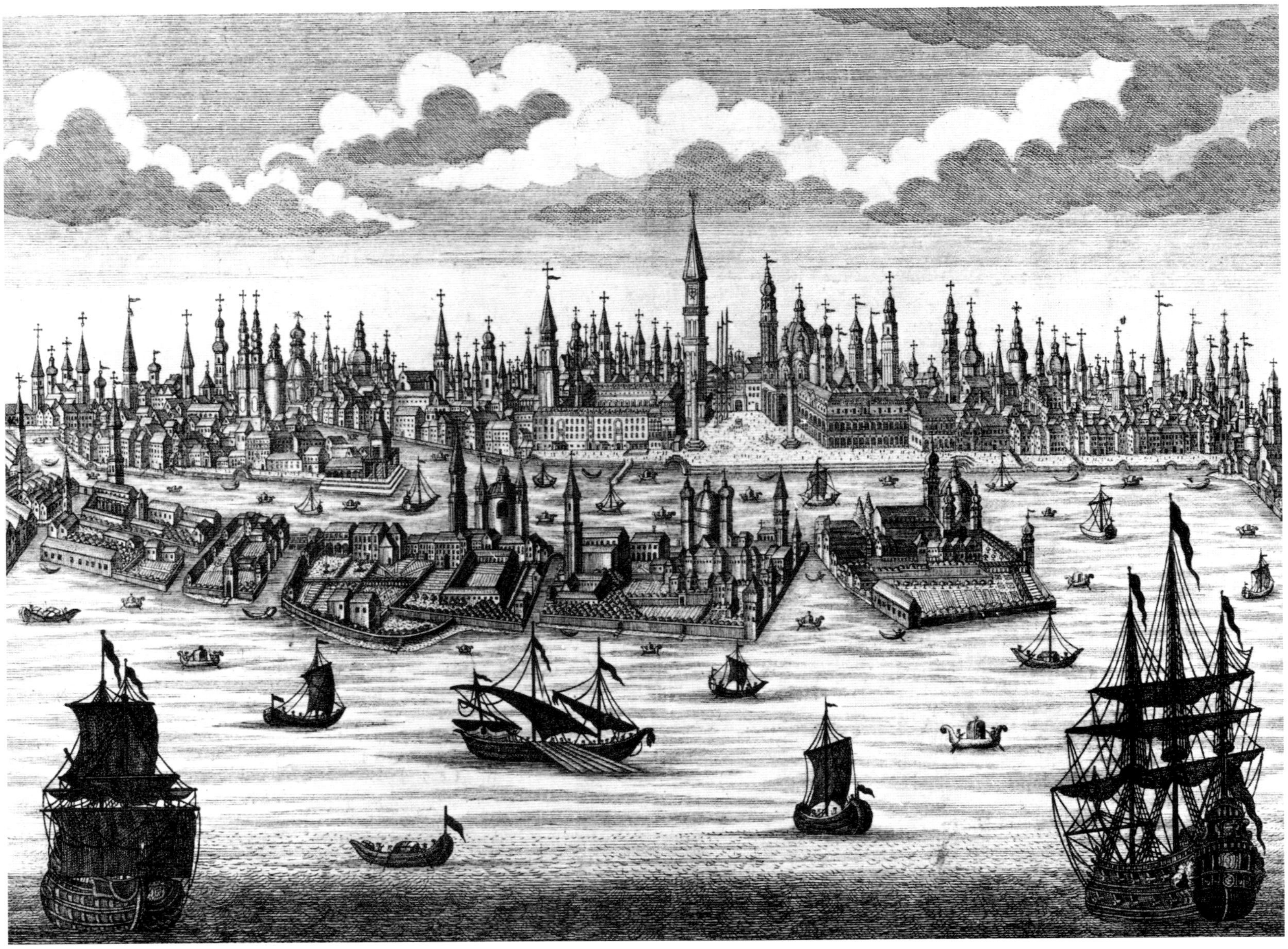

Ansicht von Venedig, herausgegeben von Johann Christoph Haffner, 1745, Sammlung Francesco Turio Böhm.

arazzi entstammt er der mediceischen Gobelinwirkerei des Giovanni Rost in Florenz und wurde nach Kartons gestaltet, die vermutlich Andrea Schiavone geschaffen hat.

In diesen historischen und künstlerischen Kontext gehört die Ansicht aus der Vogelschau von Jacopo de' Barbari, einer beinahe legendären Gestalt, über deren Leben und Schaffen keine beweiskräftigen Dokumente auf uns gekommen sind und über die man so gut wie nichts weiß. Ein Kosmopolit muß er gewesen sein, der in Deutschland und den Niederlanden lebte – nicht umsonst hat man in der Vergangenheit seine Venediganssicht aus der Vogelperspektive Albrecht Dürer zugeschrieben.

Immer wieder wurde dieses atemberaubende Kunstwerk in Anspruch genommen und in passendem oder unangebrachtem Zusammenhang als Quelle herangezogen. Letztlich ist es nur aus der Höhe der Campanili möglich, die schöpferische Kraft und Präzision dieser großartigen, nie mehr übertroffenen Ansicht zu begreifen. Den Photographien gelingt es, wahrnehmbar zu machen, wie gegenwärtig de' Barbaris Vogelschau noch heute trotz aller Veränderungen der Stadt geblieben ist. Sie vermittelt uns eine Vorstellung von dem beeindruckenden städtebaulichen Gleichgewicht, das Venedig am Ende des 15. Jahrhunderts auszeichnete – jene inmitten des Wassers in menschlichen Maßstäben errichtete Stadt oder wie Henry James es formulierte: »Von allen reflektierten und verflüssigten Dingen, und derer gibt es unzählige, glaube ich, daß das plätschernde Wasser die Gärten am meisten liebt. Sie finden sich in großer Zahl auf dem Canalazzo, aber wo auch immer sie sind, sie geben dem Gemälde einen besonderen Pinselstrich, und vor allem, was leicht zu erraten ist, sie verleihen der Architektur eine Liebenswürdigkeit. Dann sind die Elemente vollständig – der Dreiklang aus Luft, Wasser und aus Dingen, die wachsen. Venedig ohne sie würde zu sehr beherrscht von den Gezeiten und den Steinen.«

Ohne die vertikal aufragenden Konturen des Waldes aus Glockentürmen hätten die planen Waagrechten der hingestreckt liegenden, im Wasser gespiegelten Stadtfläche kaum Bestand oder verlören sogar jegliche Bedeutung. Das Gleichgewicht zwischen Vertikalen und Horizontalen ist es, das die vollkommene Balance zwischen Himmel und Wasser zum Ausdruck bringt, so wie es auf dem außergewöhnlichen Stich von Max Abraham Rupprecht, 1745 herausgegeben von Johann Christoph Haffner, zu sehen ist.

Die frühesten Campanili entstanden als Wach- und Verteidigungstürme. Diese Funktion und ein neu erlassenes Gesetz der Republik bedingte ihren ein wenig von der Kirche abgerückten Standort. Seit jeher ist das Gleichgewicht der Lagune leicht zu erschüttern. Durch Erdbeben und Blitze verursachte Einstürze und Brände der Glockentürme waren ein alltägliches Problem. Hinzu kam, daß die Turmbauten in immer größere Höhen strebten, zugleich immer schmaler wurden und dabei auf einem instabilen Untergrund errichtet waren. Zwar fußten die Campanili auf kräftigen Sockeln aus Blöcken istrischen Steins, doch bestand der in Ziegel erbaute Turmkörper aus einem fragilen Material, das ihn aufgrund der beständigen Spannungen und wegen der andauernden Beanspruchung häufiger einstürzen ließ. Unaufhörlich waren Instandsetzungen vonnöten, wenn nicht gar ganz neue Glockentürme errichtet waren. Dem Können des Baumeisters Mauro Codussi ist der einzige mit einer besonders aufwendigen Verkleidung aus istrischem Stein versehene Turm zu verdanken. Weithin sichtbar ragt der weiße Campanile der Patriarchalkirche auf der Insel San Pietro a Castello empor.

Von den 103 in der Venedigansicht von Jacopo de' Barbari wiedergegebenen Glockentürmen sind heute nur noch fünfzig erhalten, und es stellt sich die Frage, ob wir es wirklich verdienen, in dieser zauberhaften Stadt zu leben, ist es uns doch gelungen, sie äußerlich und innerlich verfallen zu lassen.

Der hl. Markus tauft die Familie des Aniano, Mediceische Gobelinwirkerei, Florenz, 1550/1551. Ausschnitt mit Markuskirche, Procuratoria von San Marco.

FOLGENDE DOPPELSEITE
Die Glockentürme von San Giorgio Maggiore von San Canzian aus gesehen.

Der Blick von oben

Piero Falchetta

Am Anfang gab es wahrscheinlich nur den Baum, auf dem die Menschen in vergangenen Zeiten Schutz für die Nacht und Nahrung fanden und der vor allem einen Beobachtungsposten bot, um in der Ferne sich nähernde Gefahren, Feinde und eine mögliche Beute zu erkennen. Daher ist die Erfahrung des Erhöhtseins von Beginn an mit Gefühlen der Sicherheit und Macht verknüpft, und jedes Kind, das nach alter Gewohnheit die Bäume zu erklettern versucht, empfindet während seines Spiels in der Luft stets aufs neue jene Geborgenheit und Stärke. Die Höhe, Ort des Mächtigen und Sicheren, Zeichen des abgeschlossenen Wachstums, übt eine Anziehungskraft aus, vermittelt eine Körpererfahrung und bildet einen symbolischen Knotenpunkt, in dem sich Wünsche und zahlreiche Bedeutungen treffen und in dem sie sich zugleich materialisieren. Darüber hinausgehend ist die Höhe auch der Sitz des Immateriellen, des Himmels und seiner Bewohner, der himmlischen Gottheiten gleich welcher Kosmologie oder Religion.

Als es Gaia, der Erde, mit Hilfe ihres Sohnes Kronos gelang, sich aus der unendlichen Umarmung des Himmels, Uranos, zu lösen, entstand zwischen den beiden Elementen ein Vakuum. Diese Leere strebt unaufhörlich danach, aufgefüllt zu werden, indem sie mit der gleichen Kraft sowohl die schwere Materie der Erde, als auch die sie versinnbildlichenden immateriellen Ideen anzieht. Dinge und Gedanken bewegen sich unablässig auf dieses Vakuum zu, während sie sich immer wieder erneuern und verwirklichen. Alles dort oben ist erlesen und in hohem Maße wesentlich: Licht und Nacht, Energie und Sterne, Gott und seine Engel; die dem toten Körper entströmte Seele steigt zum Himmel auf, so wie die Augen der in den sakralen Kunstwerken dargestellten Heiligen und Märtyrer gen Elysium gerichtet sind, um einen möglichst großen Teil davon in sich aufzunehmen; und die nicht greifbaren Astraleinflüsse, von der saturnischen Melancholie bis zum apollinischen Glanz, gelangen über unsichtbare Sternenpfade vom Himmelsgewölbe auf die Erde.

Der Turm zu Babel ist das lästerliche Unternehmen, der von der Hybris der Menschen getragene Versuch, mit Hilfe der Materie die höchste Sphäre mit der Erscheinungswelt zu vereinen, die außerstande ist, sich in himmlische Gefilde zu erheben. Die folgende göttliche Strafe der Sprachverwirrung macht deutlich, wie unmöglich es für die Menschen ist, Gott zu imitieren, indem sie sich seines einzigen, absoluten Wortes bedienen und gleichzeitig den allumfassenden Blick anstreben, den nur Er von der äußersten Ferne der Himmel über die gesamte Schöpfung entfalten kann. In der religiösen Malerei gibt es keine Bildtradition für die Wiedergabe jenes Anblicks, der einzig dem über allen und allem Stehenden gestattet ist. Ansonsten wäre es eine blasphemische Vision. Zwar ist die Abbildung der Himmelskuppel, der Schar der aufgereihten Engel, der Heiligen und des Schöpfers selbst gestattet, da diese Betrachtung menschlich ist, nicht aber der umgekehrte Anblick, er ist Gott allein und nur ihm vorbehalten.

In diesem Zusammenhang erscheint es notwendig, den Aspekt des Göttlichen beiseite zu lassen, ohne sich dabei dem Vorwurf der Gottlosigkeit auszusetzen. Ein neuer Blick, vor allem rein optisch und frei von jeglicher metaphysischen Implikation, erhebt sich weit in die Lüfte und ermöglicht ein technisches Sehen, das aus der Geduld des Verstands und der Kraft der Vorstellung entstanden ist. Um das Sehen zu erzeugen und wirksam zu machen, bedarf es der Vereinigung von beidem. Beim ersten Aufscheinen der Moderne schrieb Cusano in »De docta ignorantia«: »Diciamo che non essendo possibile avvicinarsi a Dio se non attraverso simboli, allora i segni matematici, per la loro certezza incorruttibile, potranno servirci ancor meglio.« (Sagen wir, da es nicht möglich war, uns Gott in anderer Weise zu nähern als durch die Symbole,

LINKE SEITE
Die Glockentürme von Santa Maria Formosa und San Francesco della Vigna von San Salvador aus gesehen.

Der Campanile von Ognissanti.

könnten uns aufgrund ihrer unbestechlichen Sicherheit die mathematischen Zeichen weit besser helfen.) Auf diese Weise wurde die unüberwindbare Trennung zwischen der menschlichen Endlichkeit und dem Übernatürlichen akzeptiert. Als »göttlich« bezeichnete denn auch Fra Luca Pacioli die Proportion in seinem berühmten gleichnamigen Traktat »De divina proportione«, das 1509 in Venedig erschienen ist. Es widmet sich einem äußerst profanen und technischen Thema, ohne daß der Beiname als Mangel an Respekt für den Glauben aufzufassen wäre. Waren Verstand und die sich ausbreitende *techne* erst einmal ausdrücklich von der Transzendenz abgegrenzt, würde es schließlich innerhalb dieses Rahmens möglich sein, daß sich der Mensch von der Erde erhebt, um die Welt von oben zu betrachten. Dies gilt um so mehr, wenn die ihn zu diesem Kunstwerk aufrufenden Kräfte Neugier und Interesse einer Gesellschaft wären, die sich innerhalb dieser Grenzen zu definieren weiß und gedeihen kann. Mit anderen Worten, es wird das sich im weiten und ohnehin verbreiteten bürgerlichen Element der Gesellschaft ausdrückende Geflecht aus Motivation und Erwartung sein, das für diese Welt und ihre emsigen Bewohner das Zugeständnis einfordert, aus der Höhe – was nicht als Metapher für erhöht zu verstehen ist – herabblicken zu dürfen.

Tatsächlich ist die Vision einer von oben gesehenen Welt nur eine Vorstellung, zumal die Erfahrung einer Ansicht aus der Luft dort nicht möglich ist, wo es die physische Beschaffenheit einer Landschaft nicht zuläßt, wo es keine Erhebungen gibt, die vom Menschen definierte Orte – und im besonderen Städte – umgeben. Als eine *inventio mirabilis*, ein Einfall von höchster schöpferischer Kraft, als donnernder *coup de theâtre* ist ohne Zweifel jenes Werk anzusehen, das im Jahre 1500 aus heiterem Himmel erschien, ohne daß es Vorläufer gab, auf die man es sinnvoll zurückführen könnte. Das Kunstwerk bestach durch meisterhafte Vollkommenheit und einen solch großen Erfahrungsschatz, daß es selbst in unseren Tagen als unübertroffen betrachtet wird. Wie sich leicht vermuten läßt, handelt es sich um die große Panoramaansicht der Stadt Venedig aus der Vogelperspektive, die auf Jacopo de' Barbari zurückgeht. Herausgegeben wurde der Holzschnitt in der Lagunenstadt von dem deutschen Unternehmer Anton Kolb.

Der Campanile von San Simeon Grande.

Der Blickpunkt – es gibt nicht nur einen, auch wenn das Geschick des Schöpfers solches glauben machen möchte – in dieser Darstellung ist unrealistisch. Der Betrachter müßte sich einige hundert Meter über dem Boden und damit in einer geeigneten Position befinden, um die Vision – was eine passendere Bezeichnung als Stadtansicht wäre – von einem idealen Blickwinkel aus wahrnehmen zu können. Mit Hilfe dieser Perspektive würde man lernen, jedes Detail zu schätzen und wohl zu unterscheiden, ohne dabei den großen Zusammenhang der kleinen Einzelheiten aus den Augen zu verlieren, genausowenig wie die Spannung, die sich unablässig darauf konzentriert, ein ausgeglichenes Verhältnis aller Elemente zum Ganzen zu schaffen. Leider wissen wir nicht, welche Techniken und Kunstgriffe für die Komposition des Werkes verwendet wurden; es gibt verschiedene Theorien, die sich decken, sich widersprechen oder die sich überschneiden, ohne dabei eine sichere oder gar endgültige Antwort liefern zu können auf die Frage, die jedem Betrachter spontan in den Sinn kommt: Wie war es möglich, zu einem solchen Ergebnis zu kommen?

Sicher ist, daß der Eindruck, den diese außergewöhnliche Erfindung auf die Zeitgenossen machte, überwältigend gewesen sein muß. Davon zeugen, wenn auch in unterschiedlicher Weise, eine objektive Tatsache und eine Überlegung: Zunächst ist die deutlich feststellbare, kontinuierliche Folge von Nachahmungen zu nennen, die bis ins 18. Jahrhundert von einer Vielzahl von

Autoren hergestellt wurden, wobei es diesen gleichwohl nie gelungen ist, auch nur in einem noch so kleinen Teil oder auf der oberflächlichsten Ebene Schönheit und Wirkung des Originals zu erreichen. Der zweite Beleg – und das erscheint keineswegs seltsam – ist die vollkommene Ruhe, die der Ansicht bei ihrem Erscheinen entgegengebracht wurde, so als hätte es sich um ein unbedeutendes Ereignis gehandelt. Das Fehlen jeglichen Kommentars, jeder gelehrten Glosse, jeder gedankenlosen Betrachtung oder auch jeglicher durchdachten Kritik kann nur auf das Gefühl der Bestürzung zurückgeführt werden, das die Venezianer und Europäer des frühen 16. Jahrhunderts ergriffen haben muß angesichts eines Bildes, das in dieser Weise Venedig offenbarte: in seiner Form eines Fischs mit Schuppen, die sich aus Häusern, Palästen, Ufern, Brücken, Kirchen zusammensetzten und in dessen Körper wie salziges Blut das Wasser der Lagune strömte, während es wie durch Venen und Kapillaren im dichten Netz der Kanäle gefiltert wurde. Mit diesem genauen und getreuen Abbild konnte die Betrachtung von oben ein allgemeines Erlebnis werden – vielleicht ein wenig vergleichbar jenem, freilich mit der nötigen Differenzierung, mit dem die gesamte Menschheit konfrontiert war, als die ersten Bilder von unserem aus dem Weltraum photographierten Planeten erschienen.

Die Glockentürme von San Barnaba und San Samuele.

Die Erfahrung, eine Stadt aus der Luft zu betrachten, war sicher durch die mittelalterliche Kartographie, im besonderen durch jene der Schiffahrt, und von den Karten des Ptolemäus – er hatte den christlichen Westen nach langer Vergessenheit im anbrechenden 15. Jahrhundert wiederentdeckt – vorbereitet und angekündigt worden. Aber die geographische Wiedergabe konnte nicht durch physische Beweise gestützt werden; es handelte sich um reine Konvention oder vielleicht um eine ausgefeilte Technik, die keiner experimentellen Nachweise bedurfte. Aus diesem Grund konnten auch die Form der Welt und die verschiedenen Gestaltungstraditionen ihrer Darstellung – sie reichten von jener nautischen zu der wissenschaftlichen, von Ptolemäus herrührenden, begleitet von der sogenannten moralisierenden Geographie, die religiös-literarischen Ursprungs ist – lange Zeit nebeneinander existieren, sich überlagern und sich gegenseitig angreifen, ohne daß der Wert und die geographische wie ikonographische Bedeutung jeder einzelnen grundsätzlich in Frage gestellt worden wäre.

Der Campanile von San Vidal.

Die Möglichkeit, sofort das zu erkennen, was man jeden Tag vor Augen hat, der Anblick eines Ganzen, in dem sich dennoch jede Einzelheit unterscheiden und eben wiedererkennen läßt, stellt hingegen ein Resultat von größter Tragweite und Wirkung für die auf der Karte geschilderte städtische Szenerie dar. In de' Barbaris Holzschnitt ist es die Stadt selbst, die das Hauptthema der Ansicht von oben ist. Für die Menschen jener Zeit war die Welt nur Welt, insoweit sie mit der Anwesenheit des Menschen verbunden war. Offene Räume hingegen, große und kleine Ausdehnungen ohne menschliche Präsenz – genau solche, wie sie Jahrhunderte später die romantische Seele inspirieren sollten – wurden wahrgenommen wie neutrale, wenn nicht gar negative Zeichen, in denen sich jeder Sinn und jede Möglichkeit des Wiedererkennens in gefährlicher Weise verloren. Aus genau diesem Grund verteidigte Fra Mauro in seiner monumentalen Weltkarte (um 1450) die Lage der Stadt Jerusalem im Zentrum der Darstellung durch das Festhalten an der Dominanz der Zeichen menschlichen Daseins gegenüber der unberührten Natur, selbst in der Wiedergabe des Weltraums; und tatsächlich bemerkte der Frate in einer der Inschriften, auch wenn Asien wesentlich größer sei als Europa, werde die Zeichnung der Welt ausgeführt »non considerando el spatio de la terra ma la moltitudine di habitanti« (nicht auf den Raum der Erde bezogen, sondern auf die Anzahl der Bewohner).

Von den ersten Versuchen des späten 15. Jahrhunderts – unter anderem die Ansicht von Ferrara (1490) oder jene im »Peregrinatio in Terram Sanctam« (1486) von Bernhard von Breydenbach oder gar die des »Liber Chronicarum« (1493) von Hartmann Schedel – bis um die Zeit der Ansicht von de' Barbari erschienen im Laufe des 16. Jahrhunderts ausgesprochen geglückte Sammlungen. Dazu zählen beispielsweise die »Cosmographia universalis« von Sebastian Münster (1550), die »Figures et pourtraitz des villes plus illustres« (1552) von Guillaume Gueroult, die »Vere imagini et descritioni delle più nobilli città del mondo« (1569) von Donato Bertelli, das »Theatrum urbium italicarum« (1599) von Pietro Bertelli und viele andere. Es herrschte ein wirklicher Ideenwettbewerb und ein Konkurrenzkampf im Verlagswesen, dem es im Verlauf weniger Jahrzehnte gelang, tausende Bilder zu verbreiten, die die Hauptstädte der alten Welt und jene der ersten städtischen Ansiedlungen Amerikas zeigten.

Der Höhepunkt dieser Produktion war aller Wahrscheinlichkeit nach erreicht – und dies nicht nur unter dem Gesichtspunkt des Umfangs, betrachtet man die mehr als 350 Stiche, die wiederum die Zeichnungen von circa 650 Städten enthalten –, als in Köln zwischen 1572 und 1617 sechs Bände veröffentlicht wurden, die den »Civitates orbis terrarum« bildeten, eine wahre *summa*, eine systematische Darstellung und zugleich ein beispielhaftes Verzeichnis der urbanen Szenerien des 16. Jahrhunderts. Entworfen und publiziert von dem Historiker Georg Braun sowie dem Stecher und Verleger Frans

Campo San Maurizio. Im Hintergrund die Glockentürme von Sant'Angelo und Santo Stefano, anonym, 18. Jahrhundert, Eigentum der Kirche San Maurizio, heute in der Sakristei von Santo Stefano.

Der Campanile
der Romite-Kirche.

Hogenberg, hatte das Werk einen beachtenswerten Erfolg. Das Gelingen rechtfertigte, daß für jede Sprache eine eigene Ausgabe erschien. Um diese Materialmenge zu sammeln, nutzten die Herausgeber die Mitarbeit einiger Künstler von weitreichendem Ruf, wie etwa Georg Hoefnagel, und die Beiträge einer Reihe von Berichterstattern, die die Aufgabe übernahmen, an den verschiedensten Orten der Welt Ansichten, Pläne und Abrisse der Städte zu beschaffen mit der Absicht, sie in dem Werk zu veröffentlichen.

Was die kulturellen Beweggründe eines solchen Unternehmens betrifft – da der vorherrschende Impuls ohne Zweifel von der »Verlagsmode« der Stadtatlanten vorgegeben war, von der Europa in jener Zeit überrollt wurde –, übernahm Braun in der Einführung zum ersten Band die Kunstgriffe Vitruvs und Ciceros, indem er berichtete, wie die menschliche Gesellschaft sich zu entwickeln begonnen hatte: Wie die primitiven Menschen die Höhlen verließen, um die ersten Häuser zu errichten (»villas et pagos paulatim construere, et societatem ex pluribus domibus constituere necesse fuit«) und sie in befestigte, geschützte Siedlungen einzugliedern (»et sic urbes et oppida inchoaverunt«). Tatsächlich zeichnete sich die Stadt, so erläuterte Braun weiter, vor allem durch den Umstand aus, daß sie Sicherheit und Schutz gewährte (»ut tute degerent, et a vi atque impetu munirentur«). Nach dieser Definition des historisch-anthropologischen Ursprungs der Stadt ging der Autor dazu über, den architektonischen Aspekt zu untersuchen, der ihr, zusammen mit den zuvor beschriebenen funktionalen Gegebenheiten, ihre eigentliche gebaute Identität verleiht. Es war wichtig, daß die Darstellung die bauliche Eigenart jeder einzelnen Stadt deutlich machte.

Mit dem Wunsch, sich von gewissen Darstellungstraditionen zu lösen und besonders von Werken, die oftmals wenig auf die Vollständigkeit der Information achteten – dies bezog sich aller Wahrscheinlichkeit nach auf besonders geglückte, aber unter diesem Gesichtspunkt unvollendete und mangelhafte Veröffentlichungen wie etwa die »Cosmographia« von Münster –, unterstreicht Braun, wie stark in der Sammlung »non icones et typi urbium, sed urbes ipsae admirabili caelaturae artificio« (nicht die Bilder und Typen der Städte, sondern die Städte selbst als Gegenstand der bewundernswerten Gravierkunst) im Vordergrund stehen. In dieser Weise von den Grundsätzen von *artificium et veritas* geleitet, die in der Ausarbeitung in Perspektive und Geometrie überführt wurden, konnten die Urheber dem Auge des Betrachters das wirkliche Aussehen der Plätze, der Orte, der Mauern, der öffentlichen und privaten Bauten vorführen. Hinsichtlich der Funktion und des Nutzens, die ein solches Werk haben konnte, erinnert der Autor daran, daß mit der Kenntnis der Welt und der unendlichen Vielfalt an Ausdrucksformen die Notwendigkeit verbunden ist, viel zu reisen, wobei man sich zwangsläufig großen Anstrengungen, unzähligen Gefahren und drückenden Ausgaben aussetzen müsse, Hindernissen, die den *historiarum amantes* dank der Sammlung der »Civitates« zu einem guten Teil erspart bleiben sollten.

Der Campanile von San Luca.

Aber welche Möglichkeiten der Wiedergabe bieten sich konkret an? Aus der wahrlich stattlichen Gesamtheit der Spielarten, die die Stadtkartographie im Laufe der Zeit erprobte, ausarbeitete und nach und nach anwendete, lassen sich drei vorherrschende Standpunkte beschreiben, von denen man jedem bestimmte Eigenschaften zuordnen kann. Der erste mit dem niedrigsten Grad an Komplexität ist jener *ad alzo zero*, das »Profil«. Es wird mittels einfacher Beobachtungsübungen aus einer Entfernung erfaßt, die einen genügend großen Überblick bietet. Das Profil ist unter allen Perspektiven die mit der größten mimetischen Wirkung. Eine solche Ansicht simuliert den Anblick eines jeden Reisenden, der sich einer Stadt nähert – gleich ob er zu Pferd oder zu Fuß

Der Glockenturm von Sant'Isepo.

Der Campanile von San Giobbe.

unterwegs ist oder ob er auf einer Schiffsbrücke steht und von dort die fortlaufende, aus Dächern, Spitzen, Schornsteinen, Kuppeln, Zinnen, Strebepfeilern, Türmen, Campanili, Palästen, Kirchen und Monumenten gebildete Silhouette betrachtet. Diese Art der Darstellung ist ohne Zweifel durch eine stark wirklichkeitsnahe Komponente gekennzeichnet, und sie wurde in gewissem Maße von den Kartographen aus dem Norden bevorzugt, besonders von jenen, die sich an den berühmten Ansichten von Venedig aus dem späten 15. Jahrhundert übten. Das größte Problem dieser Abbildungsform scheint jedoch die Gefahr zu sein, die Erfahrung des »natürlichen« Blicks zu verfälschen. Um so mehr liegt die Kunst darin, den Anblick möglichst naturgetreu wiederzugeben, so als würde vor allem darin die Bestätigung für die Qualität der Ausführung bestehen. Der Versuch der originalgetreuen Wiedergabe ist letztlich eines der wiederkehrenden Elemente und eine der kühnsten Herausforderungen eines guten Teils der westlichen Kunst. Allerdings geht die Motivation, die Wirklichkeitsnähe nicht aufzugeben, bei dieser Art der Darstellung mit einer größeren Einfachheit in der Ausführung einher.

Jacopo de' Barbaris Hauptwerk hingegen ist der beispielhafte Prototyp einer Stadtansicht, die ein Künstler herstellte, indem er den Flug eines Vogels simulierte. Gegenüber der vorangegangenen Perspektive verlangt eine solche Ansicht ein größeres Maß an Idealisierung – sowohl in der Erfassung des Ganzen, als auch bei seiner technischen Umsetzung. Welche Methode auch immer gewählt wird, es ist in jedem Fall notwendig, die Höhe »vorherzusehen«, in welcher sich der ideale Betrachterstandpunkt befindet (deshalb sprechen wir von Visionen). Auf diese Voraussetzung aufbauend folgen verschiedene Elemente der Darstellung, etwa ihre Tiefenausdehnung (und so in gewisser Weise auch die Ausmaße des Ganzen), die Detailgenauigkeit, mit der die architektonische Struktur wiedergegeben werden kann und die Möglichkeit, jedes einzelne figurative Detail hinreichend deutlich wiederzugeben. Da die Ansicht aus der Vogelperspektive nicht durch eigene Anschauung verifizierbar war, konnte die Realitätsnähe nur durch einen gesteigerten Grad an Abstraktion erhöht werden, oder – anders ausgedrückt – indem man, soweit als möglich, in der Zeichnung die räumlichen Bezüge des Dargestellten (Entfernungen und Zwischenräume) wiedergab. In dieses unsichtbare erste Gerüst fügte man dann die mehr oder weniger differenzierte und genaue Beschreibung der architektonischen Volumina ein, so wie sie der Betrachter als realitätsgetreu wahrnahm. Es ist tatsächlich so, daß der Blick von oben immer besser lesbar wird, je homogener der physische Raum erscheint, indem er den Eindruck eines einzigen Anblicks vermittelt, bei dem alle Teile sich zu einem Ganzen zusammenfügen und das Ganze auch angesichts der Details kohärent bleibt.

Die letzte der hier untersuchten Darstellungsformen, nämlich der Plan, bietet eine vollkommene vertikale oder zenitale Ansicht, die dem Betrachter allerdings kaum einen Genuß bereitet. Dieser extreme Ausdruck des Versuchs, den Raum auf einfache geometrische Beziehungen zu reduzieren, findet sein grundlegendes *exemplum* – zumindest was die Epoche der Moderne betrifft – in der berühmten Komposition von Leonardo aus dem Jahre 1502. Er zeichnete einen Plan der Stadt Imola, bei dem er von einer genau durchgeführten Vermessung ausging, die Straße für Straße und Haus für Haus vorgenommen worden war. Hier wurde der Raum auf seine Zahlenwerte und seine graphische Gleichwertigkeit, also die Geometrie, zurückgeführt. Das sensorische Element, vor allem der Anblick, sind von einer solchen Art der Wahrnehmung ganz und gar ausgeschlossen. Der Stadtplan ist das Produkt eines rein abstrakten Rationalismus und verzichtet auf jegliche Realitätsnachahmung. Die zenitale, zweidimensionale Perspektive eröffnet die Möglichkeit, etwas kennenzulernen, nicht es zu sehen. Er ist die technische Sicht auf die Welt, auf die jede physische Wirklichkeit, jede räumliche Qualität reduziert werden kann.

Das Fehlen der dritten Dimension und der im Grunde technische Wert dieser Darstellungsform eigneten sich letztlich kaum dafür, die im 16. Jahrhundert vorherrschende Nachfrage nach Bildern zufriedenzustellen, in denen es gelang, die Sehfähigkeit des menschlichen Auges zu simulieren und den Wunsch nach Wissen zu befriedigen, was schon durch einfaches Hinschauen zum Teil erreicht wurde. Auch aus diesem Grund gab es wahrscheinlich im 16. und 17. Jahrhundert nicht sehr viele als Plan wiedergegebene Stadtansichten. Um dem Geschmack und den Erwartungen ihres Publikums entgegenzukommen, bemühten sich die Künstler, realistische Elemente einzufügen entweder

Vincenzo Coronelli, Singolarità di Venezia. Vedute, chiese, isole, Venedig, 1710, Tafel 148. Zeichnung der Campanili von Santi Apostoli (links) *und der Carmini-Kirche* (rechts). *Die rechte Darstellung zeigt die für das Aufrichten des Campanile notwendigen Gerätschaften nach den Plänen (1688) des Baumeisters Giuseppe Sardi.*

Der Campanile der Scalzi-Kirche.

durch pseudo-axonometrische Aufrisse der architektonischen Volumina oder durch die Verwendung perspektivischer Verfahren, die bestimmte Blickpunkte und die Effekte der Vogelschau-Perspektive nachahmten.

Je entfernter der Standort von der Erde war, um so abstrakter wurde die Ansicht der Stadt, und der Künstler konzentrierte all seine Kraft auf den Versuch, jenen idealen und stets flüchtigen Punkt auszumachen, in dem Präzision und Schönheit, Wirklichkeit und Erfindung in vollkommener Weise aufeinandertreffen, um dem Beobachter Information und Fiktion, Realität und Phantasie zu bieten. Wie in einer weisen Parabel entzieht sich dieser Punkt fortwährend der Lokalisierung; einmal ist er zu hoch, ein anderes Mal zu tief angelegt, und die Ansicht ist, so gut sie auch gelungen sein mag, im Ergebnis immer unvollständig. Vielleicht aus diesem Grund verkörpert das Sehen von oben noch heute eine unwiderstehliche Versuchung – auch wenn wir längst an das dauernde Wiedererscheinen des Wunders gewöhnt sind, das die verblüffendsten Technologien ermöglichen, die in unserer Epoche entwickelt wurden, um diese Wahrnehmungsform und ihre Enthüllungen immer neu zu entdecken. Der Blick von oben entspricht einem Wunsch, der sich immer wieder erneuert, der Herausforderung, immer wieder mit nach oben genommen zu werden, ein Erlebnis, das den Betrachter niemals enttäuscht.

Der graduelle Fortschritt auf der Suche nach einer Vogelperspektive, die zugleich integriert und analytisch ist, wäre ohne die Campanili nicht erzielt worden. Sie allein boten in vielen Fällen die Möglichkeit, diesen Anblick zu erleben. Als künstliche Nachahmungen natürlicher pflanzlicher oder mineralischer Erhebungen, abgeleitet von alten Militär- und Verteidigungseinrichtungen (die Wach- und Aussichtstürme der Römischen Welt) bildeten die Glockentürme über viele Jahrhunderte und tatsächlich bis vor kurzem die vielleicht charakteristischsten Elemente der Stadtlandschaft in der ganzen christlichen Welt und unter einem anderen Namen, aber in Form und Funktion im Wesen ähnlich, auch in der Welt des Islam. Die Silhouette jeder Stadt in Europa, eines jeden Dorfes, ob auf der weiten Ebene oder im tiefen Tal gelegen, ist sogleich zu identifizieren durch die unvermittelte, spitz zulaufende, vertikale Konstruktion, die die Glocken des Ortes beherbergt, deren Klang sich von dort aus überallhin ausbreitet. Die unzähligen Variationen jener unvergleichlichen und ebenso einheitlichen Form spielen mit der Wiedererkennbarkeit, mit dem Ruhm der Höhe, mit der Farbe der Steine, des Marmors und des Backsteins, und verkünden die eigene Unabhängigkeit von den anderen sie umgebenden Gebäuden, sogar von den Kirchen, denen sie fast immer zugeordnet sind. Ihre Einzigartigkeit, die in ihrer Erhöhung besteht – offensichtlich für denjenigen, der die Türme betrachtet, wie für jenen, der von ihnen aus die Welt beobachtet –, und in ihrer Unabhängigkeit, macht die Glockentürme zu Zeugen des Außergewöhnlichen, sei es bei Naturereignissen wie bei den zahlreichen Bränden und Erdbeben, die zuallererst die Türme niederrissen oder bei Blitzeinschlägen, die sich auf die Turmspitzen konzentrierten und dadurch die umliegenden Häuser vor der Zerstörung verschonten, sei es angesichts der Taten von Menschenhand: Bis in die jüngste venezianische Geschichte verdichtet sich bei den Campanili der ausgeprägte Sinn für das Gedenken an außergewöhnliche Handlungen und Ereignisse.

Das lehrreiche Verzeichnis, in dem Tudy Sammartini jeden einzelnen Glockenturm vorstellt, eröffnet ein in jeder Hinsicht überreiches und zuweilen komisches Repertoire an Ereignissen, die mit dem oftmals langen und mühseligen Dasein dieser Gebäude verbunden waren: vom Feuer zerstört – der Glockenturm von Angelo Raffaele; schwer beschädigt während des Sturms von 1819 – der Campanile von Madonna dell'Orto; seit dem Erdbeben von

Der Glockenturm von San Pantalon.

1688 einsturzgefährdet – der Turm von San Bartolomeo; 1540 unter dem eigenen Gewicht zusammengebrochen – der Campanile von San Beneto; 1295 wiedererrichtet – jener von San Cassiano; mehrere Male von Blitzen getroffen und schließlich 1581 in seiner heutigen Form erneuert – der Turm von San Francesco della Vigna.

Der Campanile von Sant'Andrea della Zirada.

Im Jahre 1348 war die große Pest, die den Anstoß zum Decameron gab, auch über Venedig hereingebrochen. Die ersten erkennbaren Fälle der schrecklichen Krankheit gingen mit einem starken Erdstoß einher, der auch zahlreiche Glockentürme beschädigte, unter anderem den besonders alten Campanile von San Giacomo dall'Orio. Der Turm der Carmini-Kirche, der sich zunehmend neigte, wurde Ende des 17. Jahrhunderts dem Versuch unterzogen, ihn teilweise wiederaufzurichten. Dieses Unternehmen ist auf einem Stich von Vincenzo Coronelli dokumentiert. Die angewandte Technik sah die Errichtung einer Art Strebewerk vor, das ihn stützen sollte, während Seile und Zuganker ihn unter Spannung hielten – die Vorgehensweise hat Ähnlichkeiten mit jener, die für das Aufrichten des Turms in Pisa angewandt wurde. Weitere schiefe Glockentürme sind der Campanile von San Giorgio dei Greci – für ihn war auch ein nie verwirklichtes Projekt zur Wiederaufrichtung geplant – ebenso wie der Turm von Santo Stefano. Dieser wurde 1585 durch einen Blitz zerstört, nach und nach wiederaufgebaut und neigt sich trotz der ihn haltenden Verankerungen bis heute.

Die Liste der Katastrophen, Einstürze und Brände, der unendlich vielen Renovierungen und Neubauten ist lang. In einigen Fällen wurden die Glockentürme nicht wiederaufgebaut, zum Teil aus städtebaulichen Gründen oder als Folge der per Dekret nach dem Zusammenbruch der Republik angeordneten Auflösung zahlreicher Kirchen und Klöster. Mit Hilfe der graphischen Zeugnisse – besonders der Venedig-Vedute von Jacopo de' Barbari aus dem Jahre 1500 – war es der Autorin trotzdem möglich, selbst die Geschichten der nicht mehr existierenden Turmbauten zu schildern, zu kommentieren und zu illustrieren. Dazu zählen etwa der 1815 zerstörte Campanile der Kirche Corpus Domini, der Turm von San Basilio (1824), jener nur mehr als Stumpf erhaltene Campanile von San Boldo (1826), der wie der Glockenturm von Santa Margherita in Wohnhäuser integriert wurde. 1839 wurde der Campanile von San Daniele in Castello zerstört, den zwischen dem 15. und dem 16. Jahrhundert eine anachoretische Gläubige als Unterschlupf nutzte. 1807 rissen die Österreicher im Zuge der Umstrukturierung des ganzen Stadtteils Kirche und Konvent von San Domenico in Castello ein. Der Glockenturm von San Girolamo in Cannaregio indessen wurde 1840 in einen Schornstein umgewandelt, als in der alten säkularisierten Kirche eine Mühle untergebracht war.

Der Campanile von San Giovanni Evangelista.

Neben dem historischen und chronistischen Anliegen auf der einen Seite und den architektonischen Aspekten auf der anderen, prägt ein unmittelbar topographisches Interesse Idee und Entwicklung dieses Buchs. Die außergewöhnliche, von Windungen, Biegungen und Kurven charakterisierte Gestalt der Stadt macht es fast immer unmöglich, den Blick in die Weite zu öffnen. Deshalb bleiben Venedigs Glockentürme trotz ihrer Höhe für das Auge versteckt. Allein aus nächster Nähe kann man sie betrachten, wobei ein wenig ihres Zaubers verlorengeht, um so mehr da die große Variationsbreite des Campanile-Themas vor allem aus der Ferne wahrgenommen werden kann. Es ist ein weiteres Verdienst dieses Buchs, daß jeder Glockenturm in der städtischen Umgebung, in der er sich befindet – oder befand – vorgestellt wird, zunächst der Turmbau allein und anschließend der ihn umgebende architektonische Kontext. Auf diese Weise erlangen die Campanili ein wenig von der Wertigkeit ihrer künstlerischen Qualität wieder, die ihnen die Stadt aufgrund

Der Glockenturm von San Nicolò da Tolentino

ihrer unzähligen labyrinthischen, den Horizont verstellenden Verengungen ansonsten versagt. Folglich liegt es nahe, die Glockentürme hochzusteigen und die Stadt aus dieser ungewöhnlichen Perspektive zu betrachten – ohne dabei zu vergessen, daß der gleiche Aufstieg und der gleiche Blick einstmals die Voraussetzung war, um, angefangen bei Jacopo de' Barbari, all die berühmten Venediganisichten zu gestalten, die in unzähligen Versionen vom 16. Jahrhundert an innerhalb ganz Europas kursierten.

Die Photographien von Daniele Resini dokumentieren die außergewöhnliche Wirkung des Ausblicks von diesem Standpunkt aus. Wenn – wie bereits erläutert – die Profilansicht durch die größte Wirklichkeitsnähe charakterisiert wird, dann bringt die Vedute aus der Vogelschau am ehesten das Bedürfnis der Beschreibung mit dem Wunsch des einheitlichen Sehens in Einklang. Hingegen bietet der Stadtplan den höchsten Grad an Abstraktion; in ihm werden die räumlichen Daten zu einfachen geometrischen Eigenschaften reduziert. Letztlich zeichnet sich die Stadtansicht aus der Höhe der Glockentürme durch die Möglichkeit aus, einerseits die detailgenaue Zeichnung der einzelnen, die Gesamtheit bildenden Teile darzustellen und andererseits den Blick über die Stadtbegrenzungen hinaus schweifen zu lassen. Damit schließt die Ansicht aus der Vogelperspektive die Betrachtung eines Elements ein, das in den anderen Darstellungsgattungen gewöhnlich fehlt, jenes der Landschaft.

Die die Stadt Venedig umgebende Natur ist durch wenige grundlegende Elemente geprägt, die in scharfem Kontrast zum städtischen Kontext stehen und insofern die Abgrenzung noch deutlicher hervortreten und unmittelbar spürbar werden lassen. Zu diesen Elementen gehört vor allem das Wasser: Es bezeichnet die genaue Grenze, an der das Künstliche unweigerlich der Natur weichen muß. Außerdem ist Wasser das Element, in dem mehr oder weniger weit entfernt die Inseln liegen, die die Stadt umgeben mit ihren architektonischen Ruinen und dem intensiven Grün ihrer Vegetation. Demgegenüber ist in Venedig das Grün der Gärten oftmals nur allzu gut versteckt, wie uns ein weiteres Buch von Tudy Sammartini, »Giardini segreti a Venezia« (Die geheimen Gärten Venedigs), erkennen ließ. Genaugenommen ist Venedig auf der einen Seite von den die Lagune säumenden Inseln begrenzt, jenseits derer sich in tiefem Blau das Meer erstreckt, während auf der anderen Seite bei klarer Luft die Gipfel der Berge hervortreten – für jemanden, der nie lange genug in Venedig weilte, um dies zu erleben, scheint ihre Nähe undenkbar. Zur nächsten Umgebung der Serenissima gleichermaßen dazugehörig ist die Industriestadt, die aus Schornsteinen, Kränen, Lagerhallen und riesenhaften Rohrleitungen besteht und von der Distanz betrachtet beinahe etwas Reizvolles hat.

Der Campanile von San Lazzaro dei Mendicanti.

Letztlich ist es aber vor allem die Detailliertheit der Stadt, die sich in ungleich eindrucksvoller Weise offenbart – eben dank dieses Standortes. Vom Glockenturm von San Geremia tut sich ein unbekannter Blickwinkel auf den Canal Grande auf, so wie man die ohne große Mühe in die Gesamtanlage eingefügten neuen Gebäude des Krankenhauses wahrnehmen kann, und man bekommt endlich ein Gefühl dafür, welch große architektonische Anstrengungen die hohen Wohnhäuser des alten Ghettos verkörpern. Vom Campanile der Gesuiti-Kirche schließlich eröffnet sich ein überraschender Ausblick auf jene Statuen, die die Kirchenfassade schmücken, und mehr noch auf die sie verankernden und stützenden Metallgestänge, während im Hintergrund der Madonna dell'Orto, jenseits der Lagune, die eckigen Bauformen der modernen *palazzi* von Mestre aufblitzen.

Der Blick vom Campanile von San Giorgio erinnert an den Standpunkt der Vedute von Jacopo de' Barbari. Vom Glockenturm von San Marco aus lassen sich die Statuen der *mori* auf dem Uhrturm aus der Nähe betrachten. Der Blick fällt auf die Kuppeln der Basilika sowie auf die Fialen, die Zinnen und die Kranzgesimse des Dogenpalasts, gleitet weiter in die Ferne auf die von Sansovino stammenden Schildkröten des Arsenals und bleibt schließlich bei dem antiken Löwen und der Statue des San Todaro auf den Zwillingssäulen der Piazzetta haften. Aus der Höhe des Campanile der Frari-Kirche läßt sich das Innere der Kreuzgänge, des heutigen Staatsarchivs, erkennen. Vom Turm von Santa Maria Formosa aus reicht der Blick über Glockentürme und Kamine, wobei durch einen photographischen Kunstgriff die Entfernung vermindert ist. Der ungewohnte und überraschende Hintergrund erhebt sich wie ein alarmierendes Fanal.

In diesen Aufnahmen enthüllen sich dem Betrachter unzählige Details auf ungeahnte Weise, ein Umstand, der ihn nicht unberührt läßt angesichts der Schwierigkeit, eine der am häufigsten photographierten Städte der Welt auf »neue« Weise ins Bild zu fassen. Das Venedig der Campanili wie das von den Campanili aus gesehene Venedig verbinden sich zu zwei komplementären Bildfolgen, von denen jede die andere motiviert und rechtfertigt. In einem andauernden Wechselspiel der Verweise wird der Leser als Besucher durch die Stadt geführt, als Entdecker oder mehr noch als Wiederentdecker einer mit der städtischen Wirklichkeit kohärenten Vision der Stadtlandschaft, in der das Alte und das Moderne, das Detail und der Hintergrund, das Künstliche und das Natürliche für einen Moment die ideale Fortführung des einen im anderen werden.

Der Glockenturm von San Polo.

FOLGENDE DOPPELSEITE:
Der Campanile von San Giorgio dei Greci, die Giudecca und die Kirche Il Redentore.

Der Campanile von Santa Maria Maggiore.

in Venedig dreißig Glockentürme zu ersteigen, stellt eine außergewöhnliche Erfahrung dar. Das gilt um so mehr, wenn man die Gelegenheit hat, dies im Rahmen einer Photokampagne über die Stadt »von oben« zu erleben. Zunächst hat man das Gefühl, den Blick immer von zwar bekannten, aber bisher so nicht vorstellbaren Aussichtspunkten aus schweifen lassen zu können, die eigene, noch unbewußte und an der ebenerdigen Betrachtung der Glockentürme ausgerichtete Seherfahrung systematisch über Dächer, Brücken, kleine Plätze und Kanäle aus der Höhe jener auf den Kopf gestellten Standorte zu erweitern. Man stellt fest, daß das unendliche, von den Turmspitzen aus mögliche Spiel der räumlichen Bezüge angesichts der Anlage der Stadt ausgesprochen lehrreich ist. Von da an wird man, während der Blick darüber hinwegschweift, sich vermehrt darum bemühen, Orte und Ansichten zu erkennen, vor allem weil man sich in der Höhe auf zuverlässige Orientierungspunkte beziehen kann.

Zudem eröffnen die Campanili die Möglichkeit, die sich wandelnden Formen einzelner Gebäude zu beobachten. So wird die Apsis der Kirche Santi Giovanni e Paolo vom Turm von San Francesco della Vigna aus betrachtet zur surrealen Erscheinung, verglichen mit dem massigen Bauwerk, als das sich die Kirche vom Erdboden aus erweist. Noch mehr unterscheidet sich der Anblick der großen gotischen Basilika von den Campanili von San Marco und San Giorgio aus gesehen oder gar von Murano und San Michele, von wo aus die Kirche im Profil erscheint. Ähnliche Erfahrungen macht man bei der Betrachtung der Salute-Kirche, der Kuppeln von San Marco, einem Großteil der Monumente ebenso wie der anderen Glockentürme.

Die langen Aufstiege auf den dunklen und unwegsamen Stufen aus Stein und aus jahrhundertealtem, wurmstichigem Holz wurden zum rituellen Gang. Das letzte Hindernis bildete eine Falltür, die den Zugang zur Spitze verschloß, bevor man ans Licht zurückkehrte, umgeben von einer anderen Welt. Jedes Glockengeschoß hat einen eigenen Charakter; seine Seele sind die Glocken, die den Besucher manchmal bedrohlich und unbeweglich überragen, während andere sich im nächsten Moment alarmierend bewegen und mit jedem von der Zeit bestimmtem Ton ein Inferno von Schwingungen entfesseln werden.

Von hier aus konnte ich aufmerksam das Werk der Baumeister, Ingenieure und Arbeiter beobachten, die diese Stadt errichtet haben; ich studierte Aufrisse und Axonometrien der ausgeführten Gebäude, deren Kontur vom warmen Licht einiger weniger Winternachmittage oder von der Morgensonne, von den Lichtverhältnissen an windigen Tagen oder nach vergangenen, nächtlichen Gewittern – wenn Venedig das beste seiner Farben offenbart – bestimmt wird. Von diesen neuen Beobachtungspunkten aus bemühte ich mich – wie schwierig ein von jenen Orten losgelöster Blick auch sein mag und stets auf der Hut vor den Versuchungen des Kitsches –, bewußt einige wiedererkennbare Eigenschaften der photographischen Sprache zu nutzen. Ein häufig geäußerter Gemeinplatz besagt, der Photograph sehe – und mache sichtbar –, was der Beobachtung der anderen entgeht oder versperrt ist. Dies ist gleichermaßen offensichtlich wie irreführend. Die Photographie ist ein subjektiver Akt, der einen Augenblick einer bestimmten Situation festhält und diesen aus der Zeit heraustransportiert. Um sein Ergebnis zu erzielen, vereint der Photograph sein visuelles Gedächtnis mit dem, was er durch das Objektiv seiner Kamera sieht – indem er die Wirklichkeit mittels Brennweite und Aufnahmezeit filtert.

LINKE SEITE
Die Stufen in einem der beiden Glockentürme der Kirche Il Redentore.

Freilich ist der Blick des Menschen von Natur aus nicht mit einem starken Teleobjektiv oder einem gedrückten Weitwinkel ausgestattet. Aus diesem Grund ist dieser »Blick des Photographen« nichts anderes als eine Schrift, die technologische Tinte benutzt. Mit Hilfe der Tinte »stiehlt« der Photograph ein Stück Zeit, das mit einer sich darin manifestierenden Wirklichkeit verbunden ist. Wer diese Schrift betrachtet beziehungsweise liest, findet sich beeinflußt von einer Verbindung verschiedener Elemente: dem Bildungsgut und Gefühlszustand des Photographen, der Ausrüstung und Aufnahmetechnik, der Wirklichkeit, die den Film belichtet hat, der Subjektivität des Lesers. Die Fragmente der wiedererkennbaren Sprache in einer photographischen Handschrift sind es, die diese definieren.

Die Photos der Campanili wurden fast alle mit starken Teleobjektiven aufgenommen. Diese Entscheidung stellt ein wahrhaft sprachliches Element in der Photographie dar. Gegen die Industrieanlagen des Porto Marghera gedrängte Paläste, großartige Panoramen in nächster Nähe stehender Campanili, auf langen Schatten sich abzeichnende Zinnen, die Lagune überragende Berge: nichts ist unseren gewohnten Anblicken weniger vergleichbar, aber alles ist vollkommen realistisch und – was noch wichtiger ist – alles hat eine erkennbare Bedeutung. Als Ergebnis erscheint die Stadt in diesen Aufnahmen so, wie wir sie sehen wollen. In diesem Buch konkretisiert sich der Wunsch nach einem Blick aus nächster Nähe.

Die Technologie schafft neue Lesemöglichkeiten, die ich genutzt habe, wobei ich auch hier offensichtlich eine Interpretation gewählt habe: die Panorama-»Streifen«. Diese Bildreihen wurden zum Großteil mit Objektiven realisiert, die zwar mit einer unserem Blickfeld verwandten Brennweite ausgestattet sind, sich aber weiter ausdehnen, weit über unsere Möglichkeiten hinaus, mit großem Blickwinkel gleichzeitig von einer Seite zur anderen zu sehen. Dies konnte durch die digitale Montage mehrerer derartiger Aufnahmen umgesetzt werden. Deshalb sind wir in der Lage, die gesamte auf das Bacino di San Marco gerichtete Front eingehend zu betrachten ebenso wie jene, die unterhalb von Sant'Elena und der Kirche der Gesuiti verläuft. Desgleichen erlaubt es diese Technik, den Raum des gesamten Arsenals und den die Frari-Kirche umgebenden Stadtteil anzuschauen – und dies auf nur wenigen Seiten, also im gleichen Moment.

Das Spiel mit diesen und anderen expliziten »Schriften« setzt sich über den ganzen Band fort und komponiert daraus ein gegliedertes Dokument der aus der Höhe betrachteten Stadt mit neuen Bezugspunkten, die auch die Bezugspunkte seiner Leser werden könnten, um die labyrinthische Natur Venedigs zu entschleiern und schließlich um von wiederentdeckten Gebäuden und Räumen zu »erzählen«.

LINKE SEITE
Klangarkade und Glocken von San Canzian.

San Marco

San Marco; Höhe: 97 m; elektromechanisch betriebene Glocken; Aufzug

»El paron de casa« (der Herr des Hauses) wird der Glockenturm von San Marco seit jeher genannt. Bis 1797 diente die Markuskirche auch als Dogenkapelle, und der Campanile war Symbol der Stadt. Noch heute findet man in vielen Dörfern Dalmatiens einen kleinen Campanile, der jenem von San Marco ähnelt – wie ein unauflösbarer Bund mit Venedig. Das muß den *Serenissimi*, den Venezianern, noch in Erinnerung gewesen sein, als einige von ihnen am 9. Mai 1997 um Mitternacht den Glockenturm besetzten, ohne zu wissen, daß er zu dieser Zeit bereits seine symbolische Bedeutung verloren hatte. Der Turm war am 23. April 1953 mit notariell beglaubigter Vereinbarung zwischen dem Patriarchen Giovanni Roncalli und Bürgermeister Favretto Fisca unter die Verwaltung der Prokuratoren gestellt worden und damit in Staatseigentum übergegangen.

Nachdem im Jahre 888 unter dem Dogen Pietro Tribuno die Fundamente gelegt waren, wurde der gerade begonnene Turm 976 im Zuge der Ereignisse um die Ermordung des Dogen Candiani in Brand gesteckt und beschädigt. Vollendet wurde der Wachturm 1152 durch den Dogen Domenico Morosini, wie auf seinem Porträt in der Sala del Maggior Consiglio im Dogenpalast dokumentiert ist. Das Klangarkadengeschoß wurde 1178 hinzugefügt, 1329 von dem Architekten Montagnana erneuert und im Laufe der Zeit häufiger vom Blitz getroffen, so daß es mehrmals wiederaufgebaut werden mußte. Auf de' Barbaris Venediganansicht von 1500 ist der Campanile di San Marco überdimensional groß gezeigt. 1510 wurde die Turmspitze aufgesetzt, die ebenso von Pietro Bon stammte wie der mit vergoldetem Kupferblech verkleidete Engel aus Holz (1517), der sich im Wind drehte.

Im Zusammenhang mit dem Campanile findet man in den Rechnungsbüchern der *camerlenghi* (Stadtkämmerer) eine bemerkenswerte Eintragung. Aus ihr geht hervor, daß Personen wie Sachen mit Hilfe von Maultieren bis auf die Turmspitze hinauftransportiert wurden. Am 31. Oktober 1517 wurde demnach Alì Bey Dragoman, dem Botschafter des Sultans – der sich später als Spion erweisen sollte – hoch oben im Campanile eine aus Malvasier-Wein und Zuckermandeln bestehende Erfrischung dargeboten.

Die *cheba* (ein hoch am Turm aufgehängter Käfig) wurde als öffentliche Bestrafung eher selten angeordnet, beflügelte aber die allgemeine Phantasie. Wie Sanudo beschreibt, wurde am 24. Mai 1519 ein wegen Gotteslästerung verurteilter Pfarrer in den Käfig gesperrt. Ihm war es erlaubt, sich mit Nahrung zu versorgen, indem er einen Korb herabließ. Dem Sträfling gelang es, nach sechs Tagen aus der Gefangenschaft zu entkommen, worüber sich die Bevölkerung lustig machte: »L'oxelo sè ussito di cheba.« (Der Vogel ist aus dem Käfig geflogen.) An Feiertagen und bei Festlichkeiten war der Glockenturm ursprünglich mit Fackeln erleuchtet, aber da man diese Beleuchtung als gefährlich betrachtete, wurde die Dekoration auf die *conzaura*, das Aufhängen von Damaststoffen, reduziert. Ab Mitte des 16. Jahrhunderts fand am Faschingsdienstag der sogenannte »svolo del Turco«, der Türkenflug, statt – eine akrobatische Vorführung.

Erdbeben und Blitzschläge verursachten laufend Restaurierungsmaßnahmen, bis das Bauwerk am 14. Juli 1902 endgültig einstürzte. Von den fünf Glocken blieb lediglich die Marangona erhalten. Der rekonstruierte Glockenturm wurde am 25. April 1912, dem Festtag des hl. Markus, eingeweiht. Sein Wiederaufbau ist zum Teil der Initiative Giulio Cantalamessas zu danken, dem damaligen Direktor der Gallerie dell'Accademia und engen Freund des Kultusministers Giosuè Carducci.

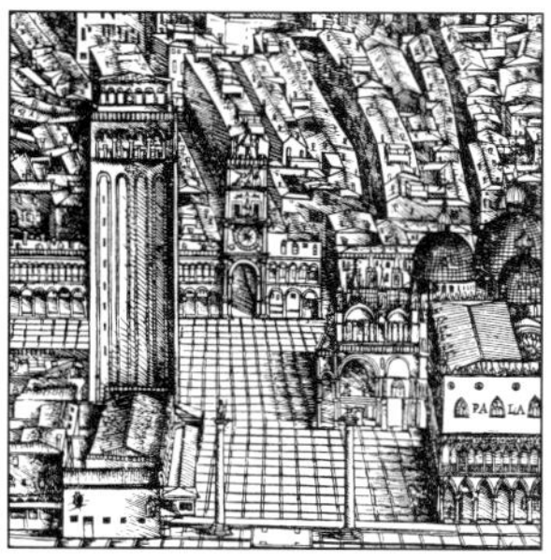

LINKE SEITE
Der Campanile von San Marco von San Francesco della Vigna aus gesehen.

FOLGENDE DOPPELSEITE
Die Punta della Dogana und die Salute-Kirche in Richtung der Lagune und der Inseln Giudecca und Sacca Sessola.

Das Pflaster des Markusplatzes.

Die Zinnen des Dogenpalasts.

FOLGENDE DOPPELSEITE
Die Riva degli Schiavoni.

IL GAZZETTINO

Blick in nordwestlicher Richtung auf das Industriegebiet Porto Marghera.

Der Glockenturm von Santa Maria Formosa und die Kirche Santi Giovanni e Paolo.

RECHTE SEITE
Der Campanile von San Zaccaria.

Blick in nordöstlicher Richtung über die Glockentürme von San Francesco della Vigna, San Giorgio dei Greci, Sant'Antonin, San Zaccaria und San Pietro di Castello, auf die nördliche Lagune und ihre Inseln sowie die Küste von Punta Sabbioni.

Blick auf die Giudecca und aie Lagune in südlicher Richtung mit den Inseln Le Grazie, San Clemente, Poveglia und dem Lido.

Die gewaltige Stucky-Mühle auf der Giudecca wurde 1896 erbaut und war bis in die 50er Jahre des 20. Jahrhunderts in Betrieb.

FOLGENDE DOPPELSEITE
Die großen Petrolchemieanlagen des Porto Marghera.

Blick vom Campanile di San Giorgio Maggiore

Blick vom Campanile di San Giorgio Maggiore

Blick in westlicher Richtung auf den Canale della Giudecca und ein weiteres Industriegebiet. Deutlich abgehoben die beiden Glockentürme der Gesuati-Kirche und die Campanili von San Trovaso sowie die der Salute- und der Carmini-Kirche.

San Giorgio Maggiore

Dorsoduro; Höhe: 63 m; elektromechanisch betriebene Glocken; Aufzug

Vor dem 9. Jahrhundert nur zur Salzgewinnung genutzt, wurden auf der Insel später ein Weingarten und ein Zypressenwäldchen angelegt und eine im Dienste des Dogenpalasts stehende Mühle eingerichtet. Im Jahre 987 erbauten Vitale Candido und die Familie der Badoer hier eine dem hl. Georg geweihte Kirche, und 983 überließ der Doge Tribuno Memmo die Insel den Benediktinern Giovanni Morosini und Pietro Orseolo, um einen Konvent zu gründen. Dorthin gelangten Anfang des 12. Jahrhunderts die Reliquien des »Urmärtyrers« Stephanus, der – wie 1614 bei Doglioni beschrieben – am Weihnachtstag durch die Anwesenheit des Dogen und der Signoria in der Kirche besonders gefeiert wurde.

Im Jahre 1223 wurden Kirche und Kloster bei einem Erdbeben beschädigt. Die Gebäude konnten mit Hilfe des Dogen Pietro Ziani rekonstruiert werden, der, nachdem er das Dogenamt niedergelegt hatte, seinen Lebensabend in den Kreuzgängen von San Giorgio verbringen sollte. 1280 wurden die Gebeine der jungfräulichen Märtyrerin Lucia – sie befanden sich bereits seit 1204 im Kloster – in die ihr geweihte Kirche überführt, von wo aus sie 1810 nach San Geremia gelangten. Trotz des Widerstandes der Mönche kam es 1432 zu einer Vereinigung des Konvents mit dem von Lodovico Barbo gegründeten und der Santa Giustina gewidmeten Kloster in Padua, was dem klösterlichen Leben neue Impulse gab.

Als Cosimo de' Medici im Jahre 1443 in Venedig im Exil war, weilte er als Gast im Kloster San Giorgio Maggiore und ließ als Dank von Michelozzo Michelozzi die Bibliothek nach dem Vorbild jener im Kloster San Marco in Florenz errichten. Der gesamte Gebäudekomplex wurde vom 15. bis zum 17. Jahrhundert erweitert und umgebaut: das Dormitorium »manica lunga« und der Zypressenkreuzgang als ein Werk von Andrea Buora; das Refektorium, der zweite Kreuzgang und die Kirche, 1566 begonnen und 1610 von Simone Sorella vollendet, nach Entwürfen von Andrea Palladio. 1630 ersetzte Baldassare Longhena die im Jahre 1616 zerstörte Bibliothek sowie 1642 das großzügige Treppenhaus, eines der prächtigsten in Venedig.

Im Kloster fand im Jahre 1800 der Konklave statt, bei dem der Benediktiner Gregorio Barnaba Chiaramonti zum neuen Papst Pius VII. gewählt wurde. Bald darauf, 1806, zogen sich die Mönche nach Santa Giustina zurück; Bibliothek und Einrichtung gingen verloren. Einzig Bruder Placido Ragazzi verließ die Insel nicht, auch als sie zwischen 1808 und 1829 französischer Stützpunkt war. In der Kirche wurde am 13. März 1808 wieder die Messe gelesen. Ein Luftschiff wurde hier zusammengebaut, und die Insel wurde als Kaserne genutzt, was den Verfall der Bauwerke mit sich brachte. Manch einer erinnert sich noch heute, daß vor dem Zweiten Weltkrieg zu Mittag zwölfmal eine Kanone abgefeuert wurde. 1951 ließ Senator Cini die Gebäude restaurieren und gründete in Erinnerung an seinen nach einem Flugzeugunglück vermißten Sohn Giorgio die Fondazione Giorgio Cini. Auch die Benediktiner kehrten von dem übergeordneten Konvent in Praglia – allerdings nicht mehr so zahlreich wie zuvor – auf die Insel zurück und nahmen die Kirche wieder in Besitz.

Nachdem der Campanile 1442 während eines starken Sturms eingestürzt war, wurde er genauso wiederaufgebaut, wie er auf dem Stich von de' Barbari gezeigt wird: Freistehend vor der Kirche und zur Giudecca orientiert, war der Baukörper auf jeder Seite von Rundbogenblenden gegliedert und von einem bleiverkleideten Dach bedeckt. Heute erhebt sich der Glockenturm an der Seite der Kirche und weist zum Bacino hin. Nachdem auch dieser Campanile 1774 zusammengebrochen war, wurde er nach Plänen von Bruder Benedetto Buratti aus Bologna als schmaler, mit doppelten Rundbogenblenden gegliederter Turm wiedererrichtet, auf den 1791 das Klangarkadengeschoß ebenso wie die Spitze aufgesetzt wurden. Die elegante Glockenstube aus istrischem Stein öffnet sich in einer dreiteiligen Kolonnade, wobei die mittlere Öffnung breiter angelegt ist als die beiden flankierenden. Darüber erhebt sich eine Balustrade aus dem gleichen Material, deren vier Ecken durch aufgesetzte Vasen akzentuiert sind. Die Balustrade umfängt einen runden Tambour aus rotem Ziegelmauerwerk, gegliedert durch Lisenen und Ornamente aus weißem Stein. Darauf liegt eine schlanke, kegelförmige Spitze auf. Sie ist mit Blei und Silber verkleidet und wird von einem Engel mit ausgebreiteten Flügeln bekrönt, der die Windrichtung anzeigt. Der Engel wurde an einem Nachmittag im Juni 1994 während eines heftigen Gewitters von einem Blitz getroffen, so daß sein Holzkorpus Feuer fing. Der Himmelbote wurde ausgewechselt, wobei das verbeulte Original vor dem Eingang zur Sakristei Aufstellung fand.

LINKE SEITE
Der Campanile von San Giorgio Maggiore von San Francesco della Vigna aus gesehen.

FOLGENDE SEITE
Der Zypressenkreuzgang des Klosters San Giorgio Maggiore.

SEITE 63
Kuppel und Glockentürme der Salute-Kirche.

Blick in nordwestlicher Richtung und auf das Bacino di San Marco.

RECHTE SEITE
Die Säule des Todaro.

FOLGENDE DOPPELSEITE
Kai und Piazzetta von San Marco während des Karnevals.

SERVIZIO GONDOLE

Blick vom Campanile di San Giorgio Maggiore

LONDRA
PALACE
Locanda

Die Kirche Il Redentore auf der Giudecca.

RECHTE SEITE
Der Campanile von San Martino.

Blick in nordöstlicher Richtung auf San Pietro di Castello, das Bacino di San Marco, die Inseln in der nördlichen Lagune und den Lido. Das äußerste Ende von Murano verdeckt der Campanile von San Francesco della Vigna, die letzten Ausläufer des Arsenals hingegen verschwinden hinter dem Turm von San Martino.

SEITE 70
Der Campanile der Carmini-Kirche in Richtung des Porto Marghera.

Blick in nördlicher Richtung auf das Bacino di San Marco und Murano. Gut erkennbar die Glockentürme von Santa Maria Formosa, San Giorgio dei Greci nahe des gleichnamigen Rio sowie von Sant'Antonin.

Blick über das Kloster San Giorgio Maggiore auf die Giudecca und den gleichnamigen Kanal.

Actv
SAN NICOLO'

Actv

Blick vom Campanile di Sant'Elena

Blick vom Campanile di Sant'Elena

Sant'Elena

Castello; Höhe: 52 m; elektromechanisch betriebene Glocken

Seit 1175 gab es auf der Insel Sant'Elena eine der hl. Helena d'Auxerre geweihte Kirche, der ein Hospiz angeschlossen war. Dorthin wurden im Jahre 1211 auch die Gebeine von Kaiserin Helena aus Konstantinopel überführt. 1233 wurde das Hospital in ein Augustinerkloster umgewandelt, und 1407 gestattete Papst Gregor XII. dem Senat, Insel und Kloster den Olivetanern zu überlassen. Die Kirche wurde 1439 im gotischen Stil wiedererbaut, mit wertvollen Kunstwerken ausgestattet und schließlich 1515 von Domenico Aleppo, dem Bischof von Chiassamo, geweiht. In schwierigen Zeiten suchte der Doge hier Zuflucht, um in Ruhe und Frieden beten zu können.

1806 wurde das Kloster stillgelegt, die Mönche zogen nach San Benedetto in Padua, und die ihrer Schätze beraubte Kirche wurde fortan als Lagerraum genutzt. Als 1915 damit begonnen wurde, die Buchten um Sant'Elena aufzuschütten, um dort einen neuen Stadtteil zu errichten, wurden auch Kirche und Kloster instand gesetzt. Ab 1928 feierte der Orden der Servi di Maria in Sant'Elena wieder die Heilige Messe; am 24. Dezember 1930 wurde die Kirche eigenständige Pfarrei. Von allen den Sakralbau einst schmückenden Kunstwerken wurde einzig die Marmorgruppe von Antonio Rizzo, die den Flottenkapitän Vettor Cappello zu Füßen der hl. Helena zeigt, wieder an ihren ursprünglichen Platz gebracht. Sie hatte zwischenzeitlich über dem Portal der Kirche von Sant'Aponal Aufstellung gefunden. Einige der Gemälde werden heute in den Gallerie dell'Accademia oder in anderen Museen aufbewahrt, während das hölzerne Chorgestühl mit seinen 34 Paneelen, die Venediganansichten zeigten, verloren ist.

Der Glockenturm wurde – wie er im Isolario von Fra Vincenzo Coronelli zu sehen ist – 1588 erbaut: nicht besonders hoch, mit einer Klangarkade, die große quadratische Öffnungen aufweist und über der sich ein flaches Pyramidendach erhebt. Nachdem die Kirche aufgegeben worden war, wurde der Campanile niedergerissen. Nach einem Entwurf des Ingenieurs Angelo Albini zwischen 1950 und 1960 neu errichtet, ist er der jüngste Glockenturm Venedigs.

LINKE SEITE
Der Glockenturm von Sant'Elena von San Francesco della Vigna aus gesehen.

Blick über den Stadtgarten von Sant'Elena in Richtung San Marco.

Blick in westlicher Richtung auf die Giudecca, San Giorgio Maggiore und das dahinter liegende Industriegebiet.

Blick auf die Kirche San Pietro di Castello und das Arsenal in Richtung Murano.

SEITE 84
Die Insel San Clemente.

Blick über die Festung Sant'Andrea in Richtung Punta Sabbioni.

FOLGENDE DOPPELSEITE
Die Insel San Servolo.

San Pietro di Castello

Castello; Höhe: 54 m; handbetriebene Glocken

Die im Jahre 650 gegründete Kirche war den Heiligen Sergius und Bacchus gewidmet. An ihrer Statt errichtete der hl. Magnus eine Basilika größeren Ausmaßes, die dem hl. Apostel Petrus geweiht wurde. Die Bezeichnungen »di Castello« und »Olivolo« für den Baugrund, auf dem die Kirche stand, gehen auf den Namen und die einer Olive ähnelnde Form der Insel zurück. 841 vollzog Bischof Orso Partecipazio die feierliche Weihe. Zwischen 1506 und 1524 wurden bei der Kirche zahlreiche Restaurierungsmaßnahmen und Umbauten durchgeführt. Nach seiner Wahl im Jahre 1567 faßte der Patriarch Vincenzo Diedo den Entschluß, den Sakralbau von den Fundamenten aufwärts neu gestalten zu lassen und betraute mit dem Vorhaben Andrea Palladio, der aber vor Fertigstellung des Unternehmens starb. Erst 1594 wurden die Arbeiten auf Betreiben des Patriarchen Lorenzo Priuli wieder aufgenommen. Er beauftragte Francesco Smeraldi, genannt Fracà, mit der Errichtung der Fassade, die Girolamo Grapiglia 1621 schließlich vollendete. Wenn auch mit einigen Veränderungen, so scheinen sich beide Baumeister doch an Palladios Plänen orientiert zu haben.

Der 774 erbaute Glockenturm stürzte während eines Brandes im Jahre 1120 ein. Innerhalb kürzester Zeit erneuert, wurde der Campanile 1442 von einem Unwetter wiederum zum Einsturz gebracht, so daß er in den Jahren 1463 und 1464 erneut aufgebaut werden mußte. Nachdem der Turm 1482 ein weiteres Mal – dieses Mal durch einen Blitzschlag – zerstört wurde, entstand nach den Plänen von Mauro Codussi ein neuer Glockenturm, der 1490 vollendet war. Das freistehende Bauwerk ist der einzige Campanile in Venedig, der vollständig mit Platten aus istrischem Stein verkleidet ist. Allerdings verursachte das Gewicht der Verschalung eine Neigung des leuchtend weißen Turms. Bis auf die Spitze stimmt der heutige Campanile mit jenem in de' Barbaris Druck überein. Die ursprüngliche, mit Bleiplatten überzogene *cuba* (Kuppelhaube), die sich über dem mit vorgestellten Säulen geschmückten Tambour erhob, wurde 1659 von einer Wasserhose heruntergerissen. Der Glockenturm wurde 1884, 1902 und zuletzt im Jahre 2000 Restaurierungsmaßnahmen unterzogen. Als erster in Venedig im Stil der Renaissance ausgebildeter Campanile zeichnet sich Codussis Turm durch eine reiche und wohldurchdachte Dekoration aus.

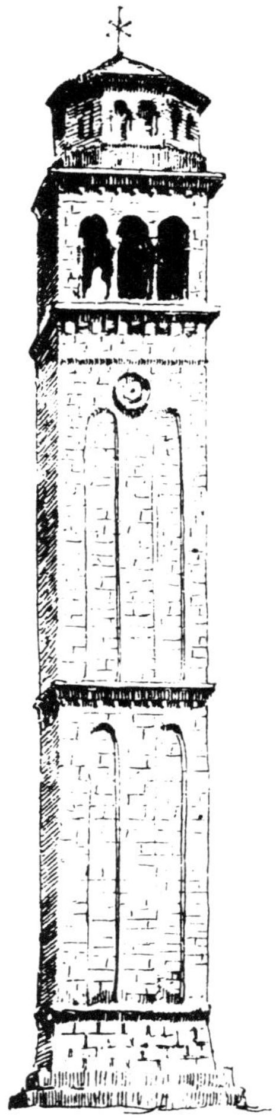

LINKE SEITE

Der Campanile von San Pietro di Castello und der große hydraulische Kran des Arsenals in Richtung des Lido.

Blick über den Canal Grande, die Punta della Dogana, die Salute-Kirche und den Glockenturm von San Trovaso in Richtung der Giudecca.

*Der Kanal von San Pietro
und die Gärten von Castello.*

Blick vom Campanile di San Pietro di Castello

Über das Arsenal in Richtung der durch die Glockentürme von San Marco und San Francesco della Vigna gerahmten Stadt.

FOLGENDE SEITE UND SEITE 107

Blick über den Kanal von San Pietro und den Stadtteil von Castello in Richtung der Lagune und der Inseln San Clemente, Le Grazie, Sacca Sessola, San Giorgio Maggiore und der Giudecca.

San Francesco della Vigna

Castello; Höhe: 69 Meter; elektromechanisch betriebene Glocken

Im Weingarten der Familie Ziani, der weitläufigsten und ältesten *vigna* Venedigs, die einen Gewinn erwirtschaftete, wurde eine dem hl. Markus geweihte Kapelle errichtet. Dandolo zufolge hatte der Evangelist – er befand sich auf dem Rückweg von Aquileia – an jener Stelle während eines Gewitters Schiffbruch erlitten, als ihm ein Engel mit den Worten erschienen war: »Friede sei mit Dir, Markus; hier wird Dein Körper ruhen, die Stadt, die in der Lagune erstehen wird, sie wird Dich ihren Beschützer nennen.« Aufgrund dieser Begebenheit besuchten der Doge und der Senat das Kirchlein nun einmal im Jahr.

Am 25. Juni 1253 überließ Marco Ziani, Sohn des Dogen Pietro, Weingarten, Kapelle und einige Läden den Minoritenobservanten. Marino da Pisa erbaute den ersten Kreuzgang und die neue Kirche. Am 15. August 1534 legte der Doge Andrea Gritti den Grundstein für eine größere Sakralanlage, die – wie durch die Medaille von Andrea Spinelli dokumentiert ist – nach einem Entwurf von Jacopo Sansovino entstehen sollte. Die Fassade allerdings fand bei dem mächtigen Monsignore Giovanni Grimani, Patriarch von Aquileia, kein Gefallen. Obwohl das berühmte von Francesco Giorgi (Zorzi) am 25. April 1535 verfaßte Memoriale von Fortunio Spira Viterbese, Sebastiano Serlio, Tiziano Vecellio und Sansovino selbst unterzeichnet worden war, wurde 1568, im Todesjahr des Dogen, die Fassade nach dem Entwurf von Andrea Palladio ausgeführt. Wie in den Inschriften an den Seiten des Portals zu lesen ist, wurden dabei die Proportionen verändert: »Non sine jugi interiore« und »Exteriorique bello«.

In der Kirche von San Francesco della Vigna wird die Tafel der Thronenden Madonna mit dem Kind verwahrt, die Antonio da Negroponte in der Mitte des 15. Jahrhunderts geschaffen hat. Jungfrau und Christuskind sind in einen Rosengarten mit zwischen Weinreben sitzenden Vögeln eingebettet, dessen mystischer Zauber und Schönheit im Betrachter eigene Phantasievorstellungen wachruft. Zudem werden in der Kirche zahlreiche Reliquien verehrt. Dazu zählen die Gebeine des hl. Matthäus von Bascio, dem Gründer des Kapuzinerordens, der am 5. August 1552 im Haus des Priesters von San Moisè gestorben ist. Mehr oder weniger langen Aufenthalt nahmen im Konvent die Heiligen Bernhardin von Siena, Johannes von Capistrano, Jacobus de Marchia sowie die Seligen Alberto Sastiatense, Angelo da Clavasio und Bernardino da Feltre. 1810 wurde die Kirche Pfarrei, da die Gemeinden Santa Giustina, Santa Ternita und Sant'Antonino zusammengelegt wurden, während man das Kloster zur Kaserne umwandelte. 1866 gelang es dem Commissariato di Terra Santa die Konventsgebäude zu erwerben, so daß die Minoriten dorthin zurückkehren konnten.

Zahlreiche Blitze hatten den Glockenturm aus dem 12. Jahrhundert beschädigt, bevor er 1489 zerstört wurde. Der Bau eines neuen Campanile wurde 1571 begonnen und 1581 beendet. Er entstand nach dem Entwurf von Bernardino Ongarino, der – wie ein Gedenkstein erinnert – an den Grundmauern des Turmes bestattet wurde. Am 12. April des gleichen Jahres wurde die Schließung der zum Arsenal weisenden Maueröffnungen angeordnet. Die Spitze des Campanile mußte nach den Unwettern von 1659, vom 21. September 1757 und von 1758 jeweils erneuert werden. Der Glockenturm wurde als Signal für den Schiffsverkehr des Hafens genutzt, und obwohl im Jahre 1781 nach den Plänen des Physikers Padre Toaldo ein Blitzableiter eingebaut worden war, zog die Turmspitze weiterhin Blitze an und mußte immer wieder repariert werden.

Der auf einem Sockel aus istrischen Steinquadern ruhende Turmkörper ist durch verdoppelte Lisenen gegliedert, die durch auf weißen Kragsteinen aufliegende Ziegelrundbögen miteinander verbunden sind. Die Glockenkammer öffnet sich zu allen Seiten in rundbogigen Doppelfenstern aus Ziegel und wird überragt von einer Balustrade aus istrischem Kalkstein sowie einem quadratischen Tambour, der wiederum eine sehr hohe Turmspitze trägt. Wie in de' Barbaris Plan befindet sich der Turm hinter der Kirche. Mit dem Turm der Frari-Kirche und nach San Marco gehört er zu den höchsten Campanili Venedigs.

LINKE SEITE
Der Glockenturm von San Francesco della Vigna von San Marco aus gesehen.

FOLGENDE DOPPELSEITE
Blick über die Kirche Santi Giovanni e Paolo in nordwestlicher Richtung bis Porto Marghera.

*Das zuletzt erbaute Hafen-
becken des Arsenals.*

Blick vom Campanile di San Francesco della Vigna

Das neue Hafenbecken, der Canale delle Galeazze und das Portal des Arsenals in Richtung von Sant'Elena, des Lido und der Insel San Servolo.

Blick in Richtung der Giudecca und der Inseln der südlichen Lagune, dazwischen die Glockentürme, die den Blick auf die Umgebung des Bacino rahmen: San Giorgio Maggiore, Sant'Antonin, San Giorgio dei Greci und San Marco.

Kirche und Glockenturm von San Martino in Castello.

LINKE SEITE
Die Weingärten um San Francesco della Vigna und das Gerüst des alten Gasometers.

Gesuiti (ehemalige Crociferi)

Santa Maria Assunta, Cannaregio; Höhe: 40 m; handbetriebene Glocken

Dank der Spenden von Pietro Gussoni und Cleto Grausoni konnte der Orden der Crociferi – im venezianischen Dialekt Crosechieri –, der Kreuzträger, zwischen 1150 und 1155 in einem Sumpfgebiet im Norden der Lagune ein Hospiz, ein Kloster und eine der hl. Maria Assunta (Mariae Himmelfahrt) geweihte Kirche errichten. Nachdem die durch den Brand von 1214 zerstörten Gebäude wiederaufgebaut worden waren, wurden sie in eine Kommende überführt, befanden sich ab 1464 im Besitz von Kardinal Pietro Bembo und gehörten später bis zu dessen Tod im Jahre 1472 Kardinal Bessarione. 1514 brannte der Konvent ein weiteres Mal ab und wurde neu erbaut. 1568 mußte Pius V. den Orden der Crociferi wegen ihrer gelockerten Sitten reformieren, konnte den Ordensbrüdern aber die zunächst konfiszierten Kirchengüter bald wieder zurückgeben. Als die Brüder jedoch erneut ihren Lastern verfielen, verschonte Papst Innozenz X. nur vier Klöster, die Venedig unterstellt waren, während weitere 21 Klöster geschlossen wurden. Papst Alexander VII. hob 1656 schließlich alle Klöster der Crociferi auf, und ihre Besitztümer gingen an die durch den Krieg um Candia (Kreta) belastete Republik Venedig über.

1657 kauften die Jesuiten für 50.000 Dukaten die in Cannaregio gelegene ehemalige Klosteranlage der Crociferi und ließen sich dort nieder. Sie waren nach dem 1606 von Papst Paul V. ausgesprochenen Verbot mit einem lautstarken »andé in malora« (schert Euch zum Teufel) aus Venedig vertrieben worden und hatten 1657 wie die Juden eine alle drei Jahre zu erneuernde Aufenthaltsgenehmigung erhalten. Ab 1715 errichteten sie in nur 15 Jahren einen neuen Kirchenbau, der auf einen Entwurf von Domenico Rossi zurückging und durch die Einzigartigkeit seiner architektonischen Lösung, den Reichtum der verwendeten Materialien und die prächtigen Dekorationen beeindruckte. Sogar die Fassade war mit farbigem Stuck verziert. Auf diese Weise gelang es den Jesuiten, trotz ihrer in Venedig nur ungern gesehenen Präsenz durch die Prägung eines neuen ästhetischen Empfindens positiv in Erscheinung zu treten. Als der Jesuitenorden 1773 verboten wurde, wandelte man den Konvent zunächst in eine öffentliche Schule und 1808 in eine Kaserne um, während die Kirche von der *parrocchia* Santi Apostoli genutzt wurde. Nach ihrer Rückkehr zogen die Jesuitenbrüder 1844 in das Hospiz an der Uferpromenade, derweil die Gemeinde von Venedig, der die Konventsgebäude gehörten, das Kloster instand setzen ließ.

In de' Barbaris Holzschnitt ist der Campanile in der Form zu sehen, wie ihn die Crociferi 1150 erbaut hatten. Dieser Glockenturm hat sich – trotz zahlreicher Instandsetzungen – in seiner architektonischen Struktur bis heute erhalten. Der Baukörper besteht aus Backsteinen; doppelte Lisenen rahmen auf jeder Seite zwei vertiefte Wandfelder, über denen sich eine Glockenstube mit je zwei hohen Rundbogenfenstern öffnet. Das flache Pyramidendach ist durch Ziegel gedeckt. Unterschiede zum Vorgängerbau bestehen lediglich darin, daß der heutige Turm ein wenig höher ist und daß die nach Norden gerichteten Öffnungen der Klangarkaden 1715 von Domenico Rossi geschlossen wurden.

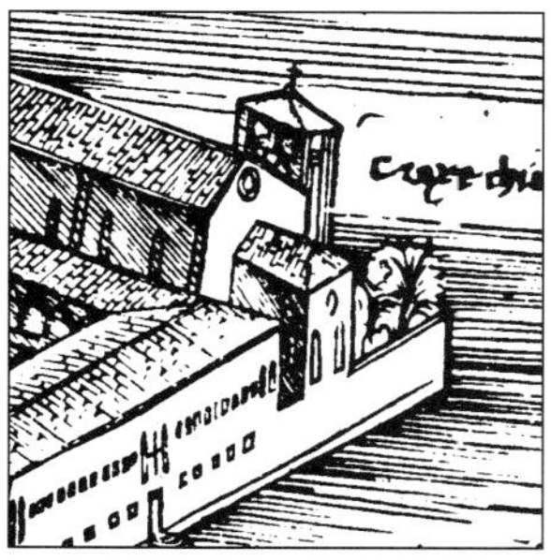

LINKE SEITE
Der Campanile der Gesuiti-Kirche von Madonna dell'Orto aus gesehen.

Blick über die nördliche Lagune mit der Insel Tessera bis zu den Gipfeln der Dolomiten.

Blick vom Campanile der Gesuiti-Kirche

Blick auf die Gesuiti-Kirche und die Verankerung der Statuen über der Fassade.

Blick in westlicher Richtung zum Festland. Auf der linken Seite im Vordergrund das massive Gebäude der Scuola della Misericordia, in der Mitte der kleine Glockenturm der Abtei der Misericordia und rechts der stattliche Campanile von Madonna dell'Orto.

San Canzian

San Canciano, Cannaregio; Höhe: 24 m; handbetriebene Glocken

Als eine der ältesten Gründungen ist die Pfarrkirche den Geschwistern Kantianus, Kantius und Kantianilla gewidmet, die 304 in Aquileia als Märtyrer enthauptet wurden. Die Weihe nahm im Jahre 1351 Marco, Bischof von Jesolo, vor, und Luciano Zeno ist als erster *parrocco* (Priester) überliefert. Immer wieder mußte die Kirche Restaurierungen unterzogen werden, zuletzt zu Beginn des 18. Jahrhunderts von Antonio Gaspari, der die bereits 1500 von Sabellicus als verwahrlost beschriebene Fassade erneuerte. Die Kosten für die Renovierung trug einer Inschrift zufolge Michele Tommasi, dessen monumentale Büste einer Verfügung des Spenders entsprechend und auf Wunsch seiner Witwe über dem Portal angebracht wurde. San Canzian beherbergt zahlreiche Reliquien wie die Gebeine des hl. Maximus, Bischof und Märtyrer aus Emonia in Istrien, die die Familie Badoer der Pfarrei überlassen hatte, einen Arm von Papst Klemens, der als Märtyrer starb, die sterbliche Hülle des hl. Märtyrers Kandidus, den Schädel der hl. Veneranda, einer Märtyrerin aus Tours, den die Familie Loredan San Canzian vermacht hat, eine Dorne aus der Dornenkrone Christi und einige andere mehr.

In de' Barbaris Ansicht trägt der aus Ziegeln errichtete Glockenturm des 11. Jahrhunderts ein Klanggeschoß mit Drillingsarkaden, über dem sich eine mit Bleiplatten verkleidete, pyramidale Spitze erhebt. Während des Wiederaufbaus der gesamten Kirche im 16. Jahrhundert mußten auch die heute auf einem Gesims aus istrischem Stein ruhende Glockenkammer und das Dach des Turms erneuert werden. Der Baukörper ist auf jeder Seite durch zwei hohe, rundbogig geschlossene Blendfelder gegliedert, die jeweils von doppelten Lisenen flankiert werden. Lediglich die Kragsteine, auf denen die Rundbögen aufsetzen, sind in istrischem Kalkstein gefertigt. Die Glockenarkade besteht aus je zwei Rundbogenöffnungen und wird von einem flachen Pyramidendach mit einem Dacherker gedeckt. Die Glocken wurden nach 1850 ersetzt.

LINKE SEITE
Der Campanile von San Canzian von Santi Apostoli aus gesehen.

FOLGENDE SEITE
Der Rio dei Gesuiti und der Ponte dell'Acquavita.

AUF SEITE 133
Die Kirche Santi Giovanni e Paolo und der Campanile von San Francesco della Vigna.

AUF DEN SEITEN 134–135
Blick über die Glockentürme von Madonna dell'Orto und Santa Maria della Misericordia in Richtung des Festlands und Campalto.

Blick vom Campanile di San Canzian

Madonna dell'Orto

San Cristoforo, Cannaregio; Höhe: 56 m; elektromechanisch betriebene Glocken

Kirche und Kloster wurden 1350 von den Humiliaten gegründet, deren Ordensgeneral, Tiberio da Parma, hier bestattet ist. 1377 entstand eine Kongregation, die sich um Spendengelder für die Kirche bemühte. Als in einem benachbarten Garten (*orto*) eine angeblich wundertätige Madonnenstatue gefunden wurde, erhielt die Kirche fortan den Titel Madonna dell'Orto oder Madonna Odorosa (wohlriechende Madonna). Im Laufe der Zeit trug sie drei verschiedene Namen: Santa Maria dell'Orto, San Cristoforo und San Francesco. Einige der Ordensbrüder spalteten sich ab, um die nahegelegene Scuola dei Mercanti und die Scuola di San Francesco ins Leben zu rufen.

Am 11. November 1399 beschloß der Maggior Consiglio die Freigabe von 200 Golddukaten als Zuschuß für einen Neubau der Kirche. Dieser war notwendig geworden, da sich die Fundamente abgesenkt hatten. Die neue Kirche sollte im gotischen Stil nach einem Entwurf von Tiberio da Parma errichtet werden. Durch einen Erlaß des Consiglio dei Dieci wurden die Humiliaten wegen ihrer zügellosen Sitten 1462 der Stadt verwiesen. An ihrer Stelle bezogen dem Willen des Senats folgend 1473 die Regularkanoniker von San Giorgio in Alga das Kloster, die die Instandsetzung von Kirchenbau und Konvent zu Ende führten.

Im Jahre 1546 begann Jacopo Tintoretto damit, für die Innenausstattung eine Reihe eindrucksvoller Gemälde zu schaffen. Der Künstler – er starb 1594 – wurde im Presbyterium begraben. Nachdem 1668 die Bruderschaft aufgelöst worden war, wurden ihre Besitztümer in den Krieg von Candia (Kreta) investiert, den die Serenessima gegen die Türken führte. Im folgenden Jahr erwarben die Zisterzienser von San Tommaso di Torcello, die sogenannten Burgunder, den Komplex und ließen sich dort nieder, bis ab 1778 die Säkularkleriker in der Kirche die Messe feierten. 1875 wurde die Basilika Pfarrkirche, und 1931 ging die Sakralanlage an die Bruderschaft der Giuseppini di Murialdo über, die sie bis heute verwaltet. Zwischen1970 und 1980 wurden Kirche und Glockenturm mit Hilfe des »Venice in Peril Found« restauriert.

Der 1332 freistehend neben der Basilika errichtete Campanile ist auf dem Druck von de' Barbari während seiner Erbauung zu sehen. Das Glockengeschoß wurde erst 1503 hinzugefügt und mußte 1819 nach einem Unwetter instand gesetzt werden. Die Glockenstube auf quadratischem Grundriß öffnet sich in Drillingsarkaden, die wie die eingestellten Balustraden aus istrischem Kalkstein gestaltet sind. Aus dem gleichen Material bestehen auch die vier Statuen, die die Ecken des Bauwerks akzentuieren. Zwischen den Skulpturen spannen sich vier große Segmentbogengiebel, hinter denen sich der runde, von einer weißen Balustrade umgebene Tambour erhebt. Die mit schuppenförmigen Dachziegeln gedeckte Kuppel wirkt durch den Tambour stark gestreckt, was ihr einen orientalisierenden Charakter verleiht. Dieser Campanile wurde als so interessant angesehen, daß er neben dem Glockenturm von San Marco als einziger in »Le fabbriche più cospique di Venezia« von Cicognara und Diedo aufgenommen wurde. Die größte Glocke trägt das Datum von 1424.

LINKE SEITE
Der Glockenturm von Madonna dell'Orto von Francesco della Vigna aus gesehen.

Blick in südöstlicher Richtung zum Lido. Von links die die Umgebung prägenden Türme: Gesuiti-Kirche, San Francesco della Vigna, San Giorgio Maggiore, Santi Apostoli und San Marco.

Die Gesuiti-Kirche, dahinter der kleine Glockenturm von San Lazzaro dei Mendicanti.

LINKE SEITE
Blick über die Glockentürme von Santa Fosca, San Cassian, Sant'Aponal in Richtung der Giudecca und Il Redentore.

Santi Apostoli

Cannaregio; Höhe: 47 m; elektromechanisch betriebene Glocken

Die Gründung von Santi Apostoli geht auf das siebte Jahrhundert zurück. Auf Betreiben des hl. Magnus, den die zwölf Apostel in einer Vision gebeten hatten, eine Kirche zu errichten, war der Bau auf einer der ersten, von Flüchtlingen der Terraferma besiedelten Inseln am Rialto entstanden. Er wurde im Jahre 1575 umgestaltet und von Antonio Guido, dem Bischof von Traù, geweiht. Mitte des 18. Jahrhunderts gab Giuseppe Pedolo der Kirche ihr heutiges Aussehen, ohne die der hl. Lucia gewidmete Kapelle anzutasten. In diesem im Auftrag der Familie Cornaro geschaffenen kleinen Sakralraum wird neben vielen anderen Reliquien ein Geschenk der Königin Caterina Cornaro, der Arm des hl. Ametisto, eines Mätyrers aus Zypern, verwahrt.

Der Campanile aus dem siebten Jahrhundert ging ebenso wie die Kirche während des Stadtbrandes von 1105 verloren. Er wurde im Jahr 1450 in der Form wieder aufgebaut, wie er in der Darstellung von de' Barbari zu sehen ist: ein durch Lisenen gegliederter Turmkörper, auf dem eine in Drillingsarkaden geöffnete Glockenstube aufsitzt, worüber sich eine das flache Pyramidendach umfangende Balustrade erhebt. Ein starker Sturm ließ 1659 die Klangarkade herabstürzen, die zwischen 1672 und 1720 nach einem Entwurf von Andrea Tirali erneuert wurde. Aus Ziegel und mit einem Sockel aus istrischem Stein ist der Campanile von Santi Apostoli als einer der charakteristischen Glockentürme Venedigs anzusehen. Das ausladende Gesims, das gleichfalls aus dem weißen Stein gefertigt wurde, stützt das schmalere Glockengeschoß, das sich aus kleinen Balkonen mit Balustraden über kräftigen Konsolen, Pilastern, eingestellten Säulen und Gebälk mit Segmentgiebelabschluß aus dem gleichen Material zusammensetzt. Über den Segmentgiebeln erhebt sich ein achteckiger Tambour, der die bleigedeckte Zwiebelhaube trägt.

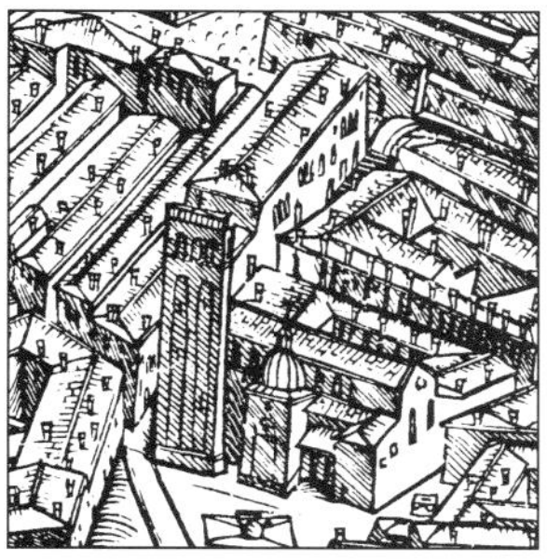

LINKE SEITE
Der Campanile von Santi Apostoli von San Salvador aus gesehen.

Der Glockenturm von
San Giovanni Crisostomo.

Die Rialtobrücke mit dem Palazzo dei Camerlenghi.

San Bortolomio

San Bartolomeo; San Marco; Höhe: 50 m; handbetriebene Glocken

Einer alten Überlieferung zufolge befand sich ab 840 auf der Insel am Rialto ein dem hl. Demetrius, einem Märtyrer aus Thessaloniki, geweihtes Oratorium. Nachdem der Sakralbau unter dem Dogen Domenico Selvo 1170 erneuert worden war, wurde er dem hl. Apostel Bartholomäus gewidmet. Nach einigen weiteren Restaurierungen geht die Kirche in ihrer heutigen Form auf das Jahr 1723 zurück. Einst wurde in der Kapelle rechts vom Hauptaltar die Tafel mit dem Rosenkranzfest von Albrecht Dürer verehrt. Mit dem Altar der Scuola Tedesca, der Bruderschaft deutscher Kaufleute, war der Maler 1505 von dem deutschen Kaufmann Cristoforo Fugger, der in der Kirche bestattet ist, beauftragt worden. Heute befindet sich das Gemälde im Nationalmuseum in Prag, wohin es von Kaiser Rudolf II. verbracht worden war.

Der gleichzeitig mit dem ersten Wiederaufbau der Kirche errichtete Glockenturm bestand, wie in der Ansicht von Jacopo de' Barbari zu sehen ist, aus Backstein, war durch doppelte Lisenen gegliedert und trug eine in Drillingsarkaden geöffnete Glockenstube, die von einer schlanken, achteckigen Spitze bekrönt war. Während des Erdbebens von 1688 hatte der Campanile schwere Schäden erlitten, so daß er zwischen 1747 und 1754 von Giovanni Scalfarotto neu erbaut werden mußte. Der Sockel besteht aus bossiertem istrischem Stein; dem Turmkörper aus Backstein sind Lisenen vorgeblendet. Das durch je zwei große Rundbogenfenster geöffnete Glockengeschoß ist durch Pilaster und Gebälk mit abschließenden Segmentbogengiebeln aus istrischem Stein gegliedert, über denen sich ein hoher achteckiger Tambour erhebt. Die kräftig geschwungene Zwiebelkuppel hat eine Bleiverkleidung. Offenbar wurde der Architekt durch den von Andrea Tirali entworfenen Turm der Kirche Santi Apostoli inspiriert.

LINKE SEITE
Der Campanile von San Bortolomio von San Salvador aus gesehen.

Blick über den Canal Grande mit den Glockentürmen der Carmini-Kirche, San Pantalon, der Frari-Kirche und San Polo sowie San Silvestro.

Das veneto-byzantinische Arkadenfenster der Ca' da Mosto.

RECHTE SEITE

Der Canal Grande zwischen dem Palazzo dei Camerlenghi, Ca' Michiel delle Colonne und dem Palazzo del Brusà.

Der Campanile von Sant'Aponal.

LINKE SEITE
Blick über San Salvador in Richtung der Salute-Kirche.

FOLGENDE DOPPELSEITE
Einfahrt der Rudervereine zur Regata Storica.

San Salvador

San Salvatore, San Marco; Höhe: 23 m; handbetriebene Glocken

Die Kirche am Anfang der Mercerie, der Hauptachse zwischen Rialto und San Marco, geht auf das siebte Jahrhundert zurück und gründet sich auf eine Eingebung des hl. Magnus. Ihm war im Traum der Erlöser (*Salvatore*) erschienen, um ihm mittels einer roten Wolke den für das Gotteshaus bestimmten Ort zu offenbaren. Nachdem die Kirche im 12. Jahrhundert umgebaut worden war, rauschte, Flaminio Corner zufolge, im Kircheninneren unter im Fußboden eingelassenen Eisengittern das Wasser – wie im Heiligen Grab in Jerusalem. Ab 1507 wurde eine vollkommen neue Sakralanlage erbaut, deren Verwirklichung zunächst in den Händen von Giorgio Spavento lag, später von Tullio Lombardo weitergeführt und schließlich 1534 von Jacopo Sansovino vollendet wurde. Die ein Jahr nach der Grundsteinlegung von San Pietro in Vaticano errichtete Kirche erhebt sich über dem Grundriß eines lateinischen Kreuzes und gilt als Hauptwerk der reifen venezianischen Renaissance. San Salvador ist nach San Marco die zweitbedeutendste Kirche Venedigs und kann durchaus als politische Antwort der der Republik eigenen Religiosität auf das päpstliche Supremat Julius' II. aufgefaßt werden.

In de' Barbaris Venediganansicht ragt der von der Kirche abgerückte Glockenturm aus den umliegenden Häusern heraus. Dabei handelt es sich um die im 14. Jahrhundert errichtete Rekonstruktion jenes zeitgleich mit der ersten Kirche entstandenen Campanile: ein kräftiger Turm, der eine Höhe von 14 Metern aufwies, aus Backsteinen aufgebaut und mit Rundbogenblenden gegliedert war. Direkt auf dem Glockengeschoß setzte ein Pyramidendach auf. Nach der Instandsetzung von 1881 wurde der Campanile, wie der Darstellung von Cesare Augusto Levi zu entnehmen ist, um einige Meter erhöht. 1903 und noch einmal 1911 machten schwerwiegende statische Probleme eine Befestigung der Grundmauern nötig, und die zahlreichen Öffnungen des Baukörpers wurden geschlossen. In seiner heutigen Form ist der Campanile mit doppelten Stützmauern aus Ziegeln verstärkt; die Seiten sind durch rundbogig geschlossene Wandvorlagen um jeweils zwei eingetiefte Blendfelder gegliedert, über denen sich eine hohe Glockenkammer erhebt. Die Arkaden öffnen sich auf jeder Seite in zwei großen rundbogigen Fenstern mit eingestellten Balustraden. Den Turmabschluß bildet ein ziegelgedecktes Pyramidendach.

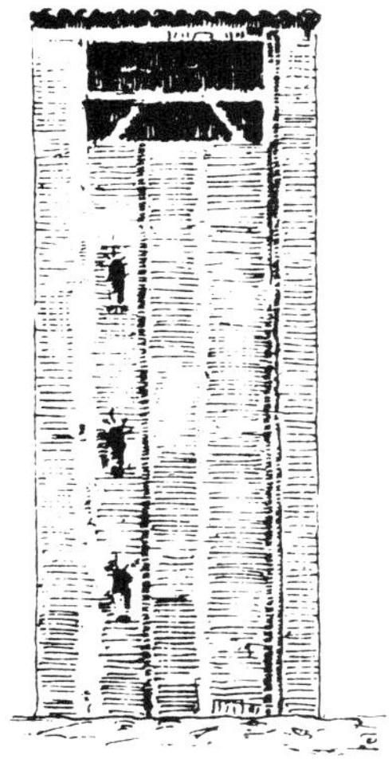

LINKE SEITE
Die Campanili von San Salvador und San Giovanni Elemosinario von San Marco aus gesehen.

FOLGENDE DOPPELSEITE
Die Kuppeln der Basilika von San Marco.

Blick über die Kirche San Giorgio Maggiore in Richtung des Lido und des Hotels Excelsior.

SEITE 163
Die Glockentürme von San Cassian und San Stae.

Der Campanile von San Zulian und die Kirche San Zaccaria.

Der Campanile von Sant'Antonin in Richtung San Pietro di Castello.

San Giacomo dell'Orio

San Giacomo Maggiore oder San Giacomo Apostolo, Santa Croce; Höhe: 44 m; handbetriebene Glocken

Die Kirche San Giacomo dell'Orio geht auf eine sehr frühe Gründung – vermutlich im 9. Jahrhundert – zurück. Sie wurde auf einer Insel im Sumpfgebiet erbaut, die angeblich von Wölfen heimgesucht wurde, woher der Beiname »de Lupio« oder »de Lupao« rühren könnte. Der geläufigere Zusatztitel »dell'Orio« gilt als verschliffene Form der Bezeichnung für *lauro*, den Lorbeerbaum. Ein besonders großer Lorbeer soll neben der Kirche gewachsen sein. Bei dem von den Familien Badoer und Da Mula finanzierten Neubau aus dem Jahr 1255 wurde der Grundriß einer Basilika mit Chorapsis beibehalten. Durch kleine Bögen und Lisenen gegliedert, wurde der halbrunde Chorabschluß außen mit Marmorfragmenten, Kreuzen und Tondi aus dem 12. und 13. Jahrhundert geschmückt. Da die Basilika wahrscheinlich von Beginn an als eigenständige Pfarrkirche diente, unterstand sie – so wie alle älteren Kirchengründungen – dem Patriarchen der Stadt Grado.

Zur Zeit Jacopo Sansovinos, im 16. Jahrhundert, erfuhr die Sakralanlage eine grundlegend neue Gestaltung. 1819 wurden der *parrocchia* zwar die Pfarrkirchen von Sant'Ubaldo, Sant'Agostino, San Giovanni Decollato und Sant'Eustachio zugeordnet, doch mußte sie gleichzeitig die Sprengel von San Giacomo, Santa Chiara, Santa Croce, San Giovanni Evangelista und San Cassiano abtreten. Das gleiche galt für die auf der kleinen Insel von Lemeo errichtete Kirche San Marcuola, die auf der anderen Seite des Canal Grande lag. Zu den Priestern, die in der Basilika von San Giacomo dell' Orio wirkten, zählte der Notar Marco de'Giusmeri, der – zuvor Bischof von Neapel – nach Venedig zurückgekehrt war, wo er am 5. November 1476 verstarb.

Der gleichzeitig mit der ersten Kirche im Jahr 888 erbaute Campanile wurde 1220 aufgrund beunruhigender statischer Probleme eingerissen. Im Jahre 1225 wurde er mit der neuen Basilika wiederaufgebaut, erlitt allerdings schwere Schäden während des Erdbebens von 1347, so daß er 1360 ein weiteres Mal neu errichtet werden mußte. Immer wieder wurden an dem Campanile Instandsetzungsarbeiten notwendig, sei es an den Fundamenten, am Baukörper oder an der Glockenkammer, wobei zahllose Zuganker der statischen Sicherung dienten. In seiner heutigen Form entspricht der Glockenturm jenem in der Ansicht von de' Barbari.

LINKE SEITE
Der Campanile von San Giacomo dell'Orio von der Frari-Kirche aus gesehen.

SEITE 168
Blick in nördlicher Richtung über den Glockenturm von Sant'Alvise, der sich gegen die Umrisse des Flughafens von Tessera abhebt.

SEITE 169
Blick in nördlicher Richtung über den kleinen Campanile von San Zan Degolà, die Fassade der Kirche San Marcuola auf die Lagune mit den Inseln Tessera und Carbonera.

Blick vom Campanile di San Giacomo dell'Orio.

Der Campo San Giacomo dell'Orio.

RECHTE SEITE
Die Calle del Tentor.

Santo Stefano

San Marco; Höhe: 61 m; elektromechanisch betriebene Glocken

Die Augustiner überließen das Kloster Sant'Anna in Castello den Benediktinern, um in die Gemeinde von Sant'Angelo überzusiedeln, wo sie über einige Häuser verfügten. Dort errichteten sie ein Kloster und eine Kirche, deren Gebäude 1294 begonnen und 1325 vollendet wurden. Trotz zahlreicher Umbaumaßnahmen – die Kirche wurde im 15. Jahrhundert neu gestaltet und 1743 instand gesetzt – handelt es sich um einen der bemerkenswertesten Sakralbauten Venedigs. Aufgrund einiger blutiger Vorkommnisse mußte die Basilika sechsmal geweiht werden. Das erste Verbrechen hatte sich an Pfingsten 1348 ereignet, als Girolamo Bonifazio den Edelmann Fra Francesco Basadonna verwundete. Weitere Untaten passierten am 24. Mai 1556, am15. April 1561, am 17. Juli 1557, am 17. Mai 1583 und schließlich am 26. November 1594.

Auf de' Barbaris Stadtansicht ist der zwischen der Apsis und dem Kanal errichtete Campanile noch ohne steinerne Klangarkade zu sehen, vielmehr wurde die Glocke von einem Holzaufbau geschützt. Der Turm wurde zwischen 1450 und 1500 errichtet. Nachdem er 1529 Feuer gefangen hatte, konnte er im Jahre 1546 fertiggestellt werden. Am 7. August 1585 traf ein Blitzschlag den Campanile, und dieser stürzte auf die jenseits des Kanals gelegenen Häuser der Malatini: Selbst die Glocken waren geschmolzen. Sie wurden durch Glocken aus England ersetzt, die aus den auf Befehl von Königin Elisabeth zerstörten katholischen Kirchen und Glockentürmen stammten.

Nachdem der Campanile von Santo Stefano zwischen dem 17. und dem 18. Jahrhundert wiederaufgebaut worden war, zeigte er aufgrund der nachgebenden Fundamente eine gefährliche Neigung. Nach zahlreichen Gutachten wurde der Turmsockel zwischen 1902 und 1906 mit Hilfe von zwei Streben verstärkt, die durch auf der Höhe der Palisaden angebrachte Metallketten miteinander verbunden waren. Trotz aller Maßnahmen ist die Statik des Gebäudes weiterhin unsicher. Der Turmkörper aus Ziegel wird durch doppelte Rundbogenblenden gegliedert und trägt eine Glockenstube, die sich durch gestelzte Drillingsarkaden öffnet und von einem Rundbogenfries abgeschlossen wird. Darüber erhebt sich ein achteckiger Tambour. Er ist mit Blendnischen versehen, die ebenso wie der Rundbogenfries den Ziegelflächen eine lebhafte Struktur geben. Die Turmspitze bildet ein polygonales Dach aus acht mit Bleiplatten gedeckten Flächen, die in eine Zwiebel überführt werden. Ein Blitzableiter bildet den Dachabschluß.

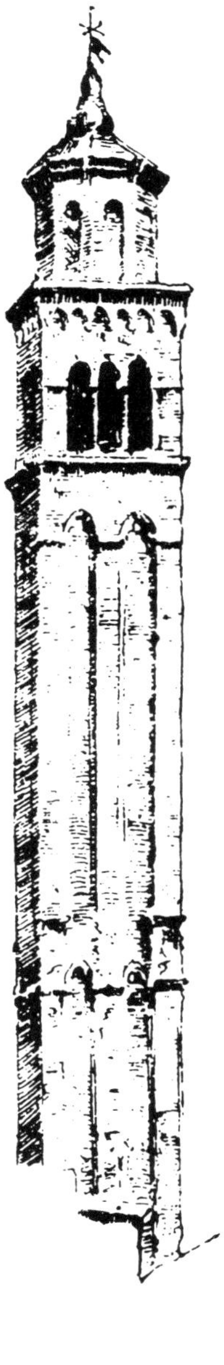

LINKE SEITE
Die Campanili von Santo Stefano und San Pantalon von San Giorgio Maggiore aus gesehen.

Blick über die Insel San Giorgio Maggiore in Richtung des Lido und der Insel San Servolo.

Campo Santo Stefano.

LINKE SEITE
Blick auf den Glockenturm von San Moisè in Richtung des Bacino di San Marco und der Riva dei Sette Martiri.

Blick auf den Campanile von San Samuele in Richtung der Ca' Rezzonico.

SEITEN 180-182
Blick über die Punta della Dogana und die Salute-Kirche in Richtung der Inseln Giudecca, Lido und San Servolo.

Frari

Santa Maria Assunta oder Santa Maria Gloriosa, San Polo; Höhe: 69 m; elektromechanisch betriebene Glocken

»Ca'Granda« wurde sie genannt und ist die größte der Jungfrau Maria geweihte Kirche, hochbedeutend wegen ihrer Meisterwerke der Kunst und ihrer historischen Denkmäler. Als eines der Hauptbeispiele der spätgotischen Sakralarchitektur in der Lagune gilt Santa Maria Assunta oder Santa Maria Gloriosa dei Frari mit San Zanipolo als Pantheon der Serenissima, als Grabeskirche der Dogen, der Helden und berühmter Persönlichkeiten.

Die Franziskaner, volkstümlich als »frari« bezeichnet, erreichten Venedig im Jahre 1222. Beeindruckt von ihrer Fürsorge für Arme und Kranke, schenkte der Doge Jacopo Tiepolo ihnen die von den Benediktinern aufgegebene Abtei zwischen den Pfarreien San Stin und San Tomà. Am 3. April 1250 legten Ottaviano di Santa Maria in Via Lata, Hauptdiakon und päpstlicher Legat in Venedig, Pietro Pino, Bischof von Olivolo, und andere herausragende Prälaten den Grundstein für einen neuen Kirchenbau. Der Entwurf stammte von Niccolò Pisano, der Vasari zufolge an der Errichtung der Basilika des Santo in Padua mitarbeitete. Die Kirche wurde 1338 vollendet und erhielt nach dem Festtag der Mariae Himmelfahrt den Titel Santa Maria Gloriosa. Die Fassade dieser ersten Frari-Kirche wies gen Süden, während die Chorapsis zum Rio gewandt war. Nachdem Girolamo d'Ascoli 1288 als erster Franziskaner zu Papst Nikolaus IV. gewählt worden war, versprach er all jenen Ablaß, die sich am Bau des Gotteshauses beteiligten.

1340 wurde damit begonnen, an die Apsiden einen ersten neuen Gebäudeteil anzuschließen. Trotz großzügiger Spenden der Familien Gradenigo, Giustiniani und Savelli kamen die Arbeiten so langsam voran, daß noch im Jahre 1415 die Bauten aus dem 13. Jahrhundert aufrecht standen und erst wenige Jahre später eingerissen wurden. Die neue Sakralanlage konnte 1443 vollendet und am 27. Mai 1492 von Pietro di Trani, dem späteren, zur Zeit des Dogen Agostino Barbarigo tätigen Bischof Telesino, geweiht werden. Zwar ist der Name des Baumeisters nicht überliefert, doch betrachten sowohl Zanotto als auch Lorenzetti den Franziskaner Scipione Bon (Beato Pacifico) als möglichen Urheber des Entwurfs. Er wurde an der Wand rechts von der Sakristeitür in einem Grabmal bestattet, das vermutlich Giovanni Rosso Fiorentino zuzuschreiben ist.

Das Kloster war 1256 gegründet worden und mußte nach dem Brand von 1390, bei dem der Selige Carissimo da Chioggia ums Leben kam, erneuert werden. Die Anlage wurde um zwei Kreuzgänge bereichert, von denen der eine auf Jacopo Sansovino zurückgeht, während Tassini den anderen Andrea Palladio zugeschrieben hat. Zu den herausragenden, in diesem Konvent ausgebildeten Männern zählen Francesco della Rovere, der spätere Papst Sixtus IV., Felice Peretti, der künftige Sixtus V., 22 Bischöfe sowie der Humanist und Mathematiker Luca Pacioli.

Nach der Stillegung von Kirche und Kloster am 23. April 1810 wurden die Konventsgebäude 1815 dem Staatsarchiv überlassen, wobei dem Komplex zusätzlich Kirche und Klosterräume von San Nicolò della Lattuga sowie die Scuola di Sant'Antonio angeschlossen wurden. Im gleichen Jahr sollte Santa Maria Gloriosa dei Frari zur Pfarrkirche erhoben werden, nachdem der Basilika die angrenzenden aufgegebenen Sakralbauten von San Tomà und San Stin zugeordnet worden waren.

Wie einer Inschrift am Glockenturm zu entnehmen ist, wurde mit dem Bau des Campanile, dessen Höhe mit 69 Metern jener des Turms von San Francesco della Vigna entspricht, im Jahre 1361 begonnen. Dies geschah mit Hilfe von 8000 Golddukaten, einer Spende des Patriziers Tommaso Viero, der verstorben war, bevor er in den von ihm mit Wohltaten bedachten Konvent eintreten konnte. Der Entwurf stammte von Jacopo Celega, dessen Sohn Pietro Paolo den Glockenturm 1396 mit Geldern jener Händler aus Mailand und Monza vollendete, die im Kircheninnern für ihre Scuola einen Altar erhielten.

Von einem Blitzschlag getroffen, mußte 1840 die Turmabdeckung erneuert werden. Da sich die Fundamente senkten, waren 1871 größere Instandsetzungsarbeiten notwendig, und 1903 wurden Grundmauern und Turmkörper ein weiteres Mal verstärkt.

Der Campanile gleicht in seiner heutigen Form jenem auf dem Holzschnitt von de' Barbari: ein durch übereinander angeordnete doppelte Rundbogenblenden gegliederter Baukörper, der auf einem Sockel aus istrischen Steinquadern ruht. In die großen Ziegelbögen sind jeweils kleinere doppelte Spitzbögen eingefügt. Die Öffnungen des Klanggeschosses sind als Drillingsarkaden gestaltet, deren Laibungen mit istrischem Stein verstärkt sind. Aus dem gleichen Material bestehen auch die Konsolsteine sämtlicher Rundbogenfriese. Die Glockenstube wird bekrönt von einer weißen Balustrade, die zu einem hohen achteckigen, mit Blendnischen geschmückten Tambour überleitet. Dieser wird von einem oktogonalen Spitzdach mit Dachgaupe bedeckt.

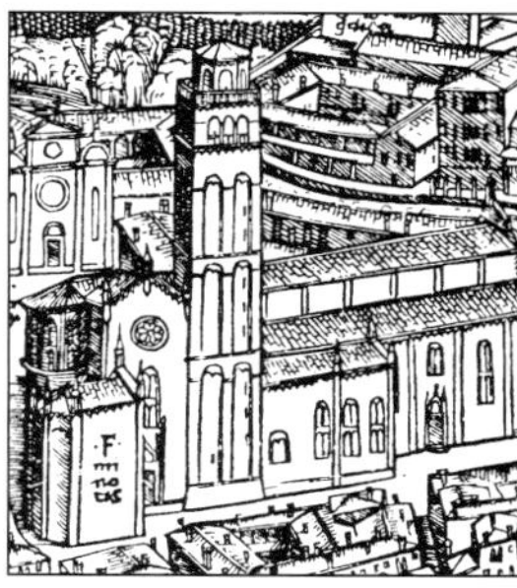

LINKE SEITE
Der Campanile der Frari-Kirche von Santo Stefano aus gesehen.

FOLGENDE SEITE
Der Campo dei Frari und der gleichnamige Canale.

Blick vom Campanile der Frari-Kirche

Blick vom Campanile der Frari-Kirche

Blick in nordöstlicher Richtung nach Murano.

Blick auf den Canal Grande in Richtung der Giudecca, des Lido und der Inseln der nördlichen Lagune: San Clemente, Lazzaretto Vecchio, Poveglia, Sacca Sessola.

FOLGENDE SEITE
Die Calle Larga Foscari.

SEITE 195
Der Campo San Tomà.

FUGIT HORA

San Nicolò dei Mendicoli

Dorsoduro; Höhe: 26 m; handbetriebene Glocken

Die dem hl. Nikolaus von Myra geweihte Kirche erhebt sich auf einem Inselchen, das seit dem siebten Jahrhundert Mendigola genannt wurde. Dort hatten sich – auf der Flucht vor den Langobarden – Paduaner angesiedelt, auf die die Gründung und der Titel San Nicolò dei Mendicoli zurückgehen. San Nicolò war die *parrocchia* der Fischer und einfachen Leute. Am Tag der *Sensa* (Himmelfahrtstag) hatten die Bewohner des Kirchensprengels, die *Nicolotti*, wie die *Arsenalotti* (die Anwohner um das Arsenal) das Recht, sich mit ihrem Boot am *bucintoro* (dem Boot des Dogen) anzuhängen. Ihre Festtagsuniform bestand aus einem roten Samtmantel und einem schwarzen Barett. Die „Battaglia dei Pugni" (Schlacht der Fäuste) gegen die *Arsenalotti* auf der Brücke zum Campo San Barnaba ist in die Geschichte eingegangen.

Der Sakralbau wurde nach dem Brand von 1105 zwar einer Reihe von Baumaßnahmen unterzogen, doch behielt er seine basilikale Anlage und den Portikus bei, in den sich einst besonders gläubige Frauen, die sogenannten *pinzocchere* (Betschwestern), zum Gebet zurückzogen. Die im 18. Jahrhundert durchgeführten Restaurierungsarbeiten gingen auf das Verdienst eines recht armen Priesters zurück, der ins Gefängnis geworfen wurde, weil er die Herkunft des Geldes nicht aufdecken wollte. Möglicherweise entstammte es einem unter dem Campanile befindlichen Versteck voller römischer Gold- und Silbermünzen. Dies würde die volkstümliche Überlieferung stützen, nach der die Kirche auf den Grundmauern eines der Venus geweihten Tempels errichtet worden ist. So ist es zumindest auch auf dem Deckengemälde der Kirche zu sehen: Der hl. Nikolaus scheucht teuflische Wesen von einem der Göttin geweihten Myrtenbaum, indem er ihn mit aller Kraft schüttelt. Kirche und Glockenturm wurden Ende der 1970er Jahre von der englischen Stiftung »Venice in Peril« instand gesetzt.

Der Campanile aus Backstein besteht aus einem auf jeder Seite von zwei Blendnischen gegliederten Turmkörper. Die Lisenen steigen vom Boden auf und enden in runden Doppelbögen, die auf kleinen Konsolen aus istrischem Kalkstein aufliegen. Ein schmales Gesims aus dem gleichen Material trennt den Baukörper von der durch Drillingsarkaden geöffneten Glockenkammer. Die Arkaden stützen sich auf je zwei Säulen mit Würfelkapitellen aus istrischem Stein. Das mit Ziegeln gedeckte Pyramidendach weist eine Gaupe auf. Erbaut im 11. und 12. Jahrhundert, zeigt der Campanile Lage und Aussehen des ursprünglichen Entwurfs und entspricht damit jenem in der Darstellung von Jacopo de' Barbari.

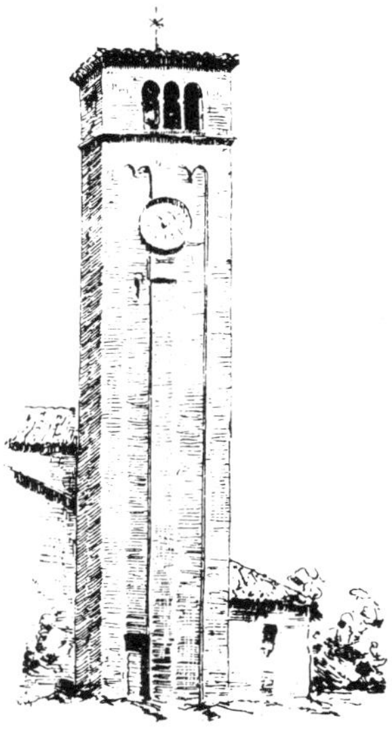

LINKE SEITE
Der Campanile von San Nicolò dei Mendicoli.

Blick auf Kanal und Kirche von Anzolo Rafael in östlicher Richtung über die Stadt.

Blick auf den Campanile von San Sebastiano in Richtung der Salute-Kirche.

San Geremia Profeta

Cannaregio; Höhe: 43 m; handbetriebene Glocken

Im 11. Jahrhundert gründeten Mauro Tosello und sein Sohn Bartolomeo die Kirche San Geremia und bewahrten dort den 1043 aus Apulien nach Venedig verbrachten Arm des hl. Bartholomäus auf. Nachdem der Sakralbau 1174 von dem Dogen Sebastiano Ziani erneuert worden war, wurde er laut der an einem Pfeiler neben dem Hauptportal angebrachten Inschrift im Jahre 1292 geweiht. Ein weiterer Neubau folgte 1753 nach einem Entwurf des Geistlichen Carlo Corbellini, und am 27. April 1760 wurde bereits die erste Messe in dem noch nicht vollendeten Gebäude gefeiert. Die zum Canale di Cannaregio weisende Fassade entstand 1871 dank einer Schenkung des Baron Pasquale Rivoltella. Patriarch Giuseppe Monico weihte im gleichen Jahr das Gotteshaus, das bereits seit 1174 als Pfarrkirche diente. 1810 waren die aufgegebenen Kirchen Santa Lucia und San Leonardo erworben worden, die in die Anlage von San Geremia Profeta eingingen.

In der Kreuzkuppelkirche hat Fra Bartolomeo Fonzio Veneziano gepredigt, der in der Nacht des 4. August 1562 als Häretiker mit einem Stein am Hals ertränkt wurde. Zu den bedeutendsten in San Geremia verwahrten Reliquien zählen ein Teil des Schädels des hl. Märtyrers Kosmas, der Kiefer seines Bruders Damian, Arm und Hand der hl. Barbara, Bein und Fuß der hl. Margareta – beide waren Jungfrauen und Märtyrerinnen –, ein Knochen der hl. Apostel Thomas und Bartholomäus, eine Rippe der hl. Maria Magdalena sowie sterbliche Überreste des hl. Johannes der Täufers. Schließlich kam nach Aufgabe der ihr gewidmeten Kirche die sterbliche Hülle der hl. Lucia hinzu.

Der Campanile geht wie der Kirchenbau auf das Jahr 1174 zurück. Im Zuge einer Restaurierung im Jahre 1355 wurde der Turmkörper erhöht. Heute erscheint der Glockenturm wie in de'Barbaris Ansicht mit einer durch zwei Rundbogenfenster geöffneten Glockenstube, die von einer Balustrade aus istrischem Kalkstein überragt wird. Das Geländer rahmt den abschließenden quadratischen Tambour, dessen Ecken abgeschrägt sind, so daß das Dach aus acht bleigedeckten Flächen besteht. Der untere Teil des Backsteinturms ist an drei Seiten in den benachbarten Palazzo Labia integriert.

LINKE SEITE
Glockenturm und Kuppel von San Geremia von San Francesco della Vigna aus gesehen.

Blick über den Canal Grande und die Stadt in südöstlicher Richtung.

Blick auf die Scalzi-Brücke und den Canal Grande.

RECHTE SEITE
Die Fondamenta entlang des Rio di Cannaregio. Dahinter erheben sich einige einfache Wohnhäuser des Ghettos. Die ungewöhnlich hohen Häuser erklären sich aus der großen Bevölkerungsdichte in diesem Teil der Stadt.

FARMACIA

Blick auf den Rio di Cannaregio in Richtung der Lagune.

RECHTE SEITE
Die Kirche Santi Giovanni e Paolo und die Glockentürme von Santi Apostoli, San Canzian und San Francesco della Vigna.

carabinieri
FONDAMENTA
S. EUFEMIA

Sant'Eufemia

Giudecca; Höhe: 10 m über dem Kirchendach; elektromechanisch betriebene Glocken

Flaminio Corner zufolge wurde der Sakralbau 864 unter dem Dogen Orso Partecipazio mit den Geldern der Familien Barbolani, Iscoli und Servi errichtet. Die Kirche ist den hl. Jungfrauen und Märtyrerinnen Euphemia, Dorothea, Thekla und Erasma geweiht. Laut den Ausführungen von Tassini, der sich wiederum auf die »Cronaca Scivos« beruft, handelte es sich bei den Reliquien der Heiligen um eine Schenkung von Giovanni Conte, dem Patriarchen von Aquileia. Sansovino berichtet, daß die volkstümlich »Famia« genannte Kirche 952 auf Kosten der Familie Dente erneuert worden sei. Ein mit dem Datum 1371 versehener Gedenkstein oberhalb des Eingangsportals zeugt ebenfalls von einer Instandsetzung.

Nach mehreren Renovierungen wurde der Bau 1700 um einige Altäre bereichert. All diese Hinzufügungen, auch wenn die ursprünglichen Säulen, Kapitelle und Lünetten bewahrt wurden, veränderten den anfänglich veneto-byzantinischen Charakter der Anlage von Sant'Eufemia. Zwischen 1810 und 1822 wechselte der Sitz der Pfarrei zu der Kirche Il Redentore. 1883 überließ Giovanni Stucky dem nahe seiner Mühle gelegenen Kirchenbau die Säulen des von Michele Sanmicheli geschaffenen Chors der niedergerissenen Nachbarkirche San Biagio e Cataldo. Damit konnte auf der Seite der *fondamenta* (Uferpromenade) ein Portikus gestaltet werden. In seinen »Curiosità Veneziane« berichtet Tassini, der Gemeindepriester Andrea Davanzago habe einige Frauen dazu verleitet zu bezeugen, daß ihm eine gewisse Mina nach ihrem Tod im Jahre 1437 ihren gesamten Besitz hinterlassen habe. Nachdem er vor das Quarantia Criminal geführt worden war und dort an seinen Lügen festhielt, wurde er am 9. August zu einer Gefängnisstrafe verurteilt, die bis zur Rückzahlung des zu Unrecht erlangten Vermögens andauern sollte.

Der direkt auf dem Kirchenbau errichtete Campanile stammt – wie der Inschrift auf der Gedenkplatte zu entnehmen ist – aus der Mitte des 18. Jahrhunderts und wurde 1883 restauriert. Der Baukörper aus Backstein ist mit vorgeblendeten Lisenen versehen und trägt ein dreiseitig geöffnetes Klangarkadengeschoß. Prächtiger als die seitlichen, in Ziegel gemauerten Drillingsarkaden ist die zum Canale della Giudecca hinweisende Schauseite gestaltet mit drei Rundbogenfenstern, die von einer zum Teil aus istrischem Stein gefertigten klassischen Tempelfassade mit Sockelzone, Pilastern, Gebälk und Giebel gerahmt werden. Hinter dem Giebel schließt ein Satteldach an. Im Plan von Matteo Pagan ebenso wie in Canalettos Zeichnung wird der Campanile hingegen von einer kegelförmigen Spitze überragt, die vermutlich von einem der zahlreichen Blitze getroffen wurde.

LINKE SEITE
Der Glockenturm von Sant'Eufemia von San Trovaso aus gesehen.

FOLGENDE SEITE
Die Zattere, der Campanile der Frari-Kirche und die Spitze des Turms von San Barnaba.

Blick vom Campanile di Sant'Eufemia

Blick in nördlicher Richtung über den Canale della Guidecca auf den Campanile von San Trovaso sowie die Fondamenta der Zattere mit der Kirche Santa Maria della Visitazione und der Gesuati-Kirche.

San Michele

Isola di San Michele; Höhe: 40 m; mechanisch betriebene Glocken

Die Insel von San Michele – einst wegen ihrer Funktion als Unterschlupf der Fährmänner während der wütenden Stürme in der nördlichen Lagune »Cavana de Muran« genannt – wurde 1837 mit der Isola di San Cristoforo vereinigt und als Friedhof genutzt. Im 10. Jahrhundert hatten die Familien Briosa und Brustolana dort ein dem Erzengel Michael geweihtes Kirchlein gegründet, um die Gebeine des hl. Romuald, des Vertrauten des Dogen Pietro Orseolo und Gründer der Kamaldulenser, aufzunehmen, die hier bis zur Säkularisation unter Napoleon verblieben. 1221 wurde die Kirche erweitert und am 21. Juni des gleichen Jahres geweiht. Die Bibliothek galt als eine der reichsten Venedigs, und im Kloster lebte der Kosmograph Fra' Mauro ebenso wie Fra' Mario Capellari, der spätere Papst Gregor XVI. Der Präfekt Benedetto Donà beauftragte 1469 Mauro Codussi damit, die Sakralbauten zu erneuern. Die Anlage sollte das erste architektonische Juwel der venezianischen Renaissance werden.

Noch heute erscheint der 1460 fertiggestellte Campanile wie in de' Barbaris Ansicht. Der mit spitzbogigen Doppelblenden geschmückte Baukörper aus Ziegel trägt das Glockengeschoß, das durch einen Spitzbogenfries und ein darauf aufsetzendes Gesims deutlich abgesetzt wird. Die Klangarkade öffnet sich zu allen Seiten durch Biforien; eine in Ziegel gemauerte spitzbogige Reliefdekoration strukturiert die Wandflächen. Eine Balustrade aus istrischem Kalkstein umrahmt den sich über der Glockenstube erhebenden oktogonalen Tambour, der, von Spitzbogenfenstern durchbrochen, die von einer weißen Steinspitze bekrönte Kuppel trägt.

LINKE SEITE
Die Campanili von San Michele und San Donato auf Murano vom Glockenturm der Gesuiti-Kirche aus gesehen.

Blick in südlicher Richtung auf die Fondamenta Nuove.

Blick in südwestlicher Richtung auf die Fondamenta Nuove.

ALGIUBAGIÓ
FEIFFER

ALGIUBAGIÒ
ALGIUBAGIÒ

Blick vom Campanile di San Michele

Blick über die Fondamenta Nuove und das Städtische Krankenhaus in Richtung der Kirche Santi Giovanni e Paolo und dem Campanile von San Marco.

Sant'Alvise
Madonna dell'Orto
San Girolamo
San Giobbe
Santa Maria
della Misericordia
Santa Caterina
San Leonardo
Santa Maria Maddalena
San Geremia
San Marcuola
Santa Fosca
San Felice
Scalzi
San Zan Degolà
San Stae
Santa Sofia
Santi Apostoli
San Simeon Grando
Santa Lucia
San Giacomo dell'Orio
San Canzian
San Simeon Picolo
Santa Maria
Mater Domini
San Cassian
San
Boldo
San Giovanni
Grisostomo
Corpus Domini
Santa Croce in Luprio
San Giovanni
Elemosinario
Sant'Agostin
San Giacometto
Santa Chiara
Sant'Andrea de Zirada
San Giovanni Evangelista
Sant'Aponal
San Stin
San Silvestro
San Bortolo
San Nicolò da Tolentino
San Rocco
San Polo
Frari
San Tomà
San Beneto
San Luca
San Pantalon
San Paternian
Santa Croce
degli Armeni
Santa Maria Maggiore
Santa Margherita
Sant'Anzolo
San Fantin
Santa Maria
dell'Ascensione
San Samuele
Santo Stefano
San Moisè
San Barnaba
Carmini
San Maurizio
Romite
San Nicolò
dei Mendicoli
Anzolo Rafael
San Vidal
Santa Maria del Giglio
San Sebastiano
Santa Marta
Santa Maria della Carità
Ognissanti
San Basilio
San Trovaso
Salute
San Vio
Gesuati
Sant'Agnese
Sant'Eufemia
Santi Cosma e Damiano
San Giacomo
Redentore
Santa Croce

Die Türme von Venedig

Sant'Agnese

Dorsoduro
Turmstumpf

Die Gründung der Kirche von Sant'Agnese wird von einigen Historikern der Familie Melini zugeschrieben, während andere Forscher die Familie Molin als Stifter betrachten. Der bereits 1081 dokumentierte Sakralbau wurde nach dem Brand von 1105 erneuert und 1321 als Pfarrkirche geweiht. Vor dem Festtag der Heiligen begab sich über einen Zeitraum von 15 Tagen die gesamte Bevölkerung in das Gotteshaus. Im Konvent wurden sechs Jungfrauen bis zu ihrer Heirat oder ihrem Eintritt ins Kloster erzogen. Die in der Kirche verwahrten Reliquien des hl. Venereo verschwanden während der letzten Instandsetzung.

Sansovinos Ausführungen zufolge wurde der Kirchenbau sowohl 1604, als auch 1670 von Lodovico Bruzzoni mit Dekorationen versehen. Auf Betreiben von Pfarrer Salvatore Bertella konnte 1733 eine Restaurierung durchgeführt werden. Bis zum 18. September 1810 feierte man in der Kirche die Messe, bevor das Gebäude – jeglicher Ausstattung und aller Möbel beraubt – als Lagerraum genutzt wurde. Am 18. November 1839 erwarben die Grafen Antonangelo und Marcantonio Cavanis, die Gründer der Scuole Pie, die Anlage und wandelten sie in ein Oratorium um. Hierfür erneuerten sie die Fassade und den Innenraum, wobei sie die veneto-byzantinischen Lisenen der in Richtung Campo weisenden Schauwand bewahrten.

Der bei Casoni ungemein detailliert beschriebene Glockenturm entstammte dem 12. Jahrhundert und ähnelte jenem der Kirche Sant'Angelo, der ebenso niedergerissen wurde. Auf einer Druckgraphik aus der Sammlung Gherro ist der Campanile mit auf die Jahre 1837/38 zurückgehenden Schäden zu sehen. Gleichfalls bestens zu erkennen ist der Turm auf anderen alten Plänen und Ansichten seit Jacopo de' Barbari. Heute erhebt sich über dem verbliebenen Turmstumpf ein Glockengiebel mit drei Bogenöffnungen.

Sant'Agostin

San Agostino
San Polo
zerstört

Laut Überlieferung von Francesco Sansovino wurde die Kirche Sant'Agostin 1001 von Pietro Marturio, dem Bischof des Olivolo, gegründet. Der geistliche Würdenträger entstammte der Familie der Quintavalle. In ihrem Besitz befand sich ein Großteil der Insel, auf der sich die Patriarchenkirche San Pietro di Castello erhob: die Isola di Quintavalle. In seinem Testament hinterließ Pietro die Kirche Sant' Agostin fortan der Gerichtsbarkeit der künftigen Bischöfe des Olivolo.

Nach einem Brand im Jahre 1149 wurde die Anlage wiederaufgebaut. Nicht lange nach der Pestepidemie von 1630 zerstörte ein weiteres Feuer die Kirche, woraufhin sie 1639 nach Plänen von Francesco Contino neu entstand. Außen von schlichter Erscheinung offenbarte das Kircheninnere eine überreiche Ausstattung mit Altären, wertvollem Marmor, Stukkaturen und Fresken. Bis 1808 hatte Sant'Agostin die Funktion einer Pfarrkirche inne, 1810 wurde sie stillgelegt. Den in de' Barbaris Druck gezeigten Anblick bot das Gebäude bis Anfang des 17. Jahrhunderts. Um der Massenhungersnot zu begegnen, wurde die Kirche 1813 in eine Mühle umgewandelt und blieb bis 1873 als Lagerraum bestehen. In jenem Jahr wurde sie bis auf die Grundmauern abgetragen, und man errichtete an ihrer Stelle wenig ansehnliche Wohnhäuser.

Der von de' Barbari dargestellte Glockenturm ragte zwischen den Häusern empor. Über dem durch doppelte Blendbögen gegliederten Turmkörper erhob sich eine durch Drillingsarkaden geöffnete und von einem hohen Pyramidendach bekrönte Glockenkammer. Der Campanile wurde gleichzeitig mit der Kirche im Jahre 1873 zerstört.

Sant'Alvise

San Lodovico
Cannaregio
Höhe: 26 m
elektromechanisch betriebene Glocken

> 66, 129, 168, 192

Die dem hl. Ludwig, Bischof von Toulouse, gewidmete Kirche trägt im venezianischen Dialekt den Namen Sant'Alvise. Sie wurde 1388 von der Adeligen Antonia Venier, einer Augustinerin, gestiftet. Nach Fertigstellung des Kirchenbaus verblieb kein Geld mehr für die Errichtung der Konventsgebäude, so daß die Nonnen in einem einfachen Schuppen untergebracht werden mußten. Im Jahre 1411, als König Ludwig von Ungarn die Republik Venedig mit kriegerischen Auseinandersetzungen überzog, fanden die Augustinerinnen von Serravalle in Sant'Alvise Zuflucht und ließen die Klosteranlage vollenden.

1807 schlossen sich auch die Nonnen des Klosters Santa Caterina dem Augustinerinnenkonvent an. Nach dessen Stilllegung im Jahre 1810 wurde das ehemalige Kloster in ein Heim für Waisenmädchen umgewandelt, während die Kirche zur *chiesa parrocchiale* erhoben wurde. Heute werden die Konventsgebäude von den Figlie della Carità bewohnt, die nach der Aufgabe von Santa Lucia nach Sant'Alvise übergesiedelt waren.

Die gotische Kirche war sehr schlicht gestaltet. 1430 erneuert, wurde sie Ende des 17. Jahrhunderts ein weiteres Mal instand gesetzt. In dem Sakralbau wird ein Finger des hl. Johannes des Täufers aufbewahrt, bei dem es sich um jene Reliquie handeln könnte, die aus der Kirche von Sant'Ermagora e Fortunato gestohlen wurde.

Auch der Campanile – vormals verputzt mit aufgemalten Ziegeln – weist gotische Stilelemente auf. Er geht auf das Jahr 1430 zurück. Im Zuge einer Erneuerung des 17. Jahrhunderts wurde die zapfenförmige Spitze, wie sie noch bei de' Barbari zu sehen ist, durch einen achteckigen Tambour ersetzt, dessen Abschluß ein oktogonales Spitzdach bildete. Als 1910 wiederum Restaurierungsarbeiten durchgeführt werden mußten – es galt den Turmkörper zu verstärken –, wurde die Spitze des Glockenturms auf ihre ursprüngliche Form zurückgeführt.

Sant'Andrea de Zirada

Santa Croce
Höhe: 43 m
handbetriebene Glocken

Zum Zeitpunkt der Entstehung von Kloster und Kirche stellte der dafür ausersehene Baugrund – wie auch dem Holzschnitt von de' Barbari zu entnehmen ist – den äußersten westlichen Standort Venedigs dar. Benannt nach der Biegung, die die Kanäle dort vollzogen, hieß dieses Gebiet »cao de zirada« (Wendepunkt). Eingebettet in einen weiten Garten mit Obstbäumen und Palmen, wirkte das gesamte Areal im wahrsten Sinne des Wortes wie eine Insel. Das Zönobium wurde 1329 von den vier Adelsdamen Francesca Cornaro, Elisabetta Gradenigo, Elisabetta Soranzo und Maddalena Malipiero gegründet, die 1346 in den Orden der Augustinerinnen eintraten. Das Kloster erhielt das kirchliche Patronat des Dogen Andrea Dandolo und all seiner Nachfolger. Dandolo hatte einen Streitfall gewonnen, der von den in der Nachbarschaft ansässigen Ordensschwestern der hl. Klara aufgeworfen worden war. Diese hatten die Existenz einer weiteren religiösen Einrichtung in der nächsten Umgebung als Affront gegen ihre eigenen Privilegien betrachtet.

Gemäß den Schilderungen bei Sansovino erfolgte 1475 eine Umgestaltung der Kirche im gotischen Stil, die am Außenbau überdauerte, während der Innenraum im 17. Jahrhundert mit reichem Stuck und barocken Altären eine neue Ausstattung erhielt. 1810 wurde das Kloster stillgelegt. Heute dient es dem Bildhauer Gianni Aricò als Atelier. Nach wie vor sehenswert in Sant'Andrea de Zirada sind zwei Säulen aus dem 14. Jahrhundert, die den für Venedig charakteristischen *barco*, die Nonnenempore, stützen. Darunter wurden die sterblichen Überreste von Flaminio Cornaro (Corner) bestattet.

Die Errichtung des Glockenturms beruht Corners Berichten zufolge auf den Spenden der Familie Boncia. Wie auf de' Barbaris Venediganasicht zu erkennen ist, bestand der Campanile – ebenso wie der Kirchenbau von 1475 – aus Ziegelmauerwerk und war von einer kegelförmigen Spitze über vier Ädikulen bekrönt. Die heutige Erscheinung des Turms entspricht der bei Sansovino zu lesenden Beschreibung und ist das Ergebnis der Umgestaltung des 17. Jahrhunderts: Wandvorlagen gliedern den Baukörper aus Backstein, der die durch Biforien geöffnete Glockenkammer trägt. Das Klangarkadengeschoß wird überragt von einem oktogonalen Tambour, über dem sich als Turmabschluß ein Zwiebeldach erhebt.

Sant'Anna

Castello
zerstört

Im Jahre 1224 gründeten die Augustiner die den Heiligen Anna und Katharina geweihte Kirche. 1297 wurde die Sakralanlage den Benediktinerinnen überlassen, die das Kloster ab 1305 bewohnten. Als der Nonnenkonvent wegen seiner lockeren Sitten zu Beginn des 16. Jahrhunderts von Patriarch Antonio Contarini reformiert werden mußte, übertrug er die Leitung des Klosters den Augustinerinnen. Unter der Aufsicht der Äbtissin Gabriella Marcello konnte die Kirche zwischen dem 4. Oktober 1634 und dem 6. Juni 1659 von Francesco Contino wiederhergestellt und der hl. Anna allein gewidmet werden.

Mit nur elf Jahren wurde die 1605 geborene Venezianerin Elena Trabotti in das Kloster aufgenommen. Sie trat dem Orden bei und erhielt als Augustinernonne den Namen Arcangela. In ihrer Trilogie »Paradiso Monacale«, »Tirrania Paterna« und »Inferno monacale« gesteht Schwester Arcangela, daß sie bis zu ihrer Weihe lediglich dem Namen nach Nonne gewesen sei. Die Tracht habe sie nicht zur wirklichen Ordensschwester gemacht, da sie selbst nicht den Sitten entsprochen habe. Darüber hinaus gibt sie ihrer zutiefst empfunden Ablehnung gegenüber der Klausur und den Menschen, die sie erfunden haben, Ausdruck. Eine Frau mit solch freien Ideen könnte als Feministin *ante litteram* bezeichnet werden.

Der Konvent wurde 1806 aufgelassen, und die Nonnen übersiedelten nach San Lorenzo. Ab 1810 wurde die gesamte Anlage in eine Ausbildungsstätte für Marinekadetten umgewandelt. Das Kloster nutzte man als Schule, während die Kirche als Sporthalle diente. Ab 1867 gehörten die Gebäude zum Marinekrankenhaus. Nach weiteren Umbaumaßnahmen wurde der Komplex in Wohnungen aufgeteilt; heute befindet er sich im Besitz der Gemeinde Venedig.

In de' Barbaris Plan bestand der Campanile aus einem Turmkörper, auf dem eine durch zwei Rundbogenfenster geöffnete Schallarkade ruhte und dessen Abschluß ein Kegeldach bildete. In exakt dieser Gestalt werden Glockenturm und Kirche auch in der Ansicht von Giampiccoli (im IV. Zustand von 1813) gezeigt. Der Turm wurde nach 1815 zerstört.

Sant'Antonino

Castello
Höhe: 32 m
elektromechanisch betriebene Glocken

Bereits zu Beginn des siebten Jahrhunderts wurde der erste Kirchenbau mit den Spenden der aus Malamocco stammenden Familie Badoer errichtet. Der heutige Sakralbau geht hingegen – so überliefert es die auf der Fassade angebrachte Inschrift – auf das Betreiben des Pfarrers Domenico David im Jahr 1680 zurück. Lorenzetti zufolge basiert die Anlage möglicherweise auf einem Entwurf von Baldassare Longhena.

Im Kircheninnern werden die Gebeine des hl. Abt Saba aufbewahrt, die im Jahre 979, während der Regierungszeit des Dogen Orseolo II., dorthin verbracht wurden. Corner berichtet, daß die Glocken ohne fremdes Zutun so lange Sturm geläutet hätten, bis der Körper des Heiligen in der Kirche niedergelegt worden sei. Von Beginn an zur *chiesa parrocchiale* erhoben, wurde Sant'Antonino Filialkirche von San Giovanni in Bragora und ist heute Zweigstelle der Pfarrkirche Santa Maria Formosa. Der Campanile wurde 1442 von einem Blitz getroffen und zerstört. Der 1762 verstorbene Priester Antonio Fusarini hatte den Glockenturm wiederaufbauen lassen, wie auf seinem vor dem Hauptportal aufgestellten Grabmal zu lesen ist.

Der durch Wandvorlagen gegliederte Turmkörper ist sehr schlank. Das Glockengeschoß öffnet sich in zwei Rundbogenfenstern und wird überragt von einem achteckigen Tambour sowie einem aus acht Zwickeln bestehenden Zwiebeldach. Insgesamt zeichnet sich der Turm durch eine ausgeprägte Vertikalität aus. Der Holzschnitt von Jacopo de' Barbari zeigt den Glockenturm von Sant'Antonino als lisenengegliedertes Ziegelbauwerk, das durch Biforien geöffnete Klangarkaden trägt und von einer konisch zulaufenden Spitze bekrönt wird.

Sant'Antonio Abate

Castello
zerstört

Wer Venedig vom Meer aus erreichte, traf zunächst auf Sant'Antonio Abate di Castello, die erste auf der Insel errichtete Kirche, die auf allen Stadtansichten gezeigt wird. 1334 legten Marco Catapan und Cristoforo Istrego einen Teil der *palude*, des Sumpfgebietes, trocken und erbauten dort ein Holzgebäude, das sie Goto Fiorentino schenkten, um dort eine Kirche zu errichten. Eine im Patriarchalseminar angebrachte Gedenkplatte erinnert an die Grundsteinlegung im Jahre 1346 und an den Namen des Gründers, Fra Giotto degli Abbati. Er stammte aus einer Florentiner Adelsfamilie und war Prior der Regularkanoniker von Sankt Anton in Wien. Der Überlieferung zufolge ließ die Ordensgemeinschaft Schweine in der Stadt frei umherlaufen, da das Schwein als Attribut des hl. Antonius als unantastbar galt. 1409 untersagte der Maggior Consiglio diese Streifzüge. Kirche und Konvent gingen bis zur Stillegung am 7. September 1768 in den Besitz der Bruderschaft der Lateraner über.

Kardinal Domenico Grimani, Patriarch von Aquileia, hatte den Mönchen im Jahre 1532 eine Bibliothek mit 8000 Bänden, darunter hebräische, armenische, griechische, chaldäische, italienische und lateinische Handschriften und Codices, vermacht. Bereits 1531 hatte Erasmus von Rotterdam in einem Brief die Bibliothek gelobt, die Marino Grimani, Neffe des Kardinals, mit zusätzlichen Bänden bereicherte. Im 17. Jahrhundert ging die Bibliothek bei einem Brand verloren.

1787 gründete Luigia Picher Farsetti im Kloster eine Anstalt für siebzig bedürftige Mädchen, die hier die Kunst des Spinnens und Webens erlernten. Später wurden die Konventsgebäude in ein Militärkrankenhaus umgewandelt. An der möglicherweise von Jacopo Sansovino geschaffenen Fassade weisen die Inschrift PETRUS GRIMANI PRIOR UNGARIAE ebenso wie das Wappen der Familie Grimani darauf hin, daß der Doge Antonio (1521-1523) hier bestattet war. Kirchenbau und Glockenturm wurden 1807 von Giovanni Antonio Selva niedergerissen, um an ihrer Statt die Königlichen Gärten anzulegen.

1822 konnte ein von Michele Sanmicheli geschaffener Bogen, nachdem er 15 Jahre unter der Erde verborgen war, auf dem ehemaligen Klostergelände wieder zusammengesetzt und aufgestellt werden. Durch den Bogen hatte man einst die Cappella Lando betreten, in der sich das Grabmal des Dogen Pietro befand. Weitere Gedenksteine und Marmorplatten waren schon 1813 genutzt worden, um den Damm des *punto franco*, des Freihafens, auf der Isola di San Giorgio zu pflastern.

In der Darstellung von de' Barbari ist der Turmkörper des Campanile durch zwei übereinandergestellte Blendbogenarkaden mit je drei Blendfeldern gegliedert. Der Backsteinturm trägt eine durch Drillingsarkaden geöffnete Glockenstube. Darüber erhebt sich eine Balustrade und ein von einem flachen Pyramidendach gedeckter achteckiger Tambour.

Sant'Anzolo

Sant'Angelo oder San Michele Arcangelo

San Marco

zerstört

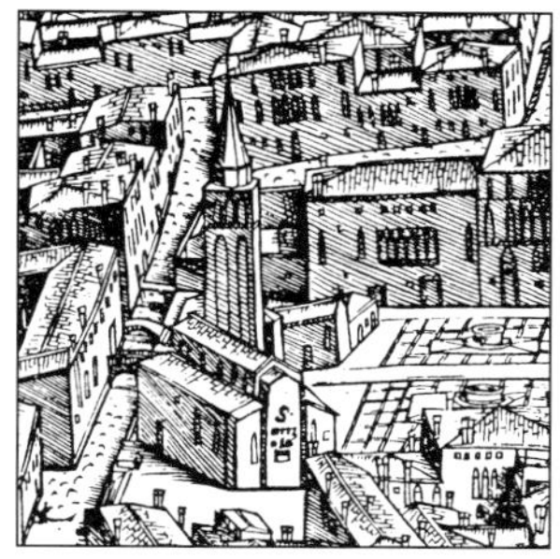

Im Jahre 920 von den Familien Morosini und Lupinaci gegründet, wurde die Pfarrkirche Sant'Angelo durch den Brand von 1105 zerstört. Nachdem der Sakralbau 1431 wiederhergestellt worden war, mußte er nach einem weiteren Feuer 1685 erneut instand gesetzt werden. Nach Aufgabe der Kirche am 24. Oktober 1810 wurde das Gebäude als Lagerraum genutzt und schließlich 1837 niedergerissen. Einst barg der Sakralraum die sterblichen Überreste von Domenico Cimarosa (1754-1810). Die Anlage beherbergte eine vom Senat gegründete Einrichtung zur Unterstützung der Marineveteranen, die Scuola degli Zoti, von der noch heute eine zum Campo ausgerichtete Kapelle zeugt.

Der Campanile, der am Ufer des Kanals emporragte und den Blick auf das Kloster Santo Stefano zum Teil versperrte, stürzte erstmals 1347 ein, nachdem die Glocken ohne fremdes Zutun geläutet hatten. Trotz der Bemühungen, den zwar wiederaufgebauten, sich aber neigenden Glockenturm zu sichern, kam es 1455 wiederum zum Einsturz, einen Tag und eine Nacht nach dem Eingriff durch den Architekten Bartolomeo Fioravante da Bologna – er trug den Spitznamen Aristotile -, der schon häufiger derartige Maßnahmen durchgeführt hatte. Der Turm begrub einen Teil der Konventsgebäude unter sich, und es kamen zwei Augustinermönche zu Tode. Marco de Furi errichtete 1456 einen neuen Campanile, der, am 3. Juli 1487 von einem Blitz getroffen, instand gesetzt werden mußte und 1837 schließlich niedergerissen wurde.

Im Holzschnitt von Jacopo de' Barbari werden Turmkörper und Glockenkammer mit Drillingsarkaden von einer achteckigen Spitze überragt. In einem Stich von Lazzari aus dem Jahre 1833 zeigt der hoch aufragende Campanile ein durch Biforien geöffnetes Arkadengeschoß, über dem sich ein allseitig durchfensterter, mit einer polygonalen Dachhaube bekrönter Tambour erhebt. Hier verdeckt der Turmbau eines der großen Kirchenfenster. In zahlreichen Venedigansichten wird die Gesamtanlage in ähnlicher Form wie von Lazzari wiedergegeben: in einem Gemälde von Canaletto, in einem Werk von Gabriele Bella sowie in jener Darstellung von unbekannter Hand, die in der Sakristei der Kirche Santo Stefano zu betrachten ist.

Anzolo Rafael

Angelo Raffaele

Dorsoduro

Höhe: 35 m

elektromechanisch betriebene Glocken

> 61, 150, 199

Sansovino zufolge wurde der Sakralbau von Anzolo Rafael unmittelbar nach San Giacomo di Rialto, der laut Überlieferung ältesten Kirche Venedigs, errichtet. In einer Erzählung wird überliefert, daß Genusio bei Attilas zweitem Einmarsch in Italien seine Frau Adriana, seine Kinder und seine Reichtümer auf die Rialto-Insel brachte. Der Herrscher von Padua war an der Verteidigung Aquileias beteiligt gewesen und fürchtete nun Vergeltung. Nachdem Adriana in Dorsoduro angelandet war, legte sie ein Gelübde ab, indem sie versprach, eine dem Erzengel geweihte Kirche zu bauen, falls der Ehemann gerettet würde, wie es dann auch geschah. Sie war mit den Benediktinerinnen von San Zaccaria – in jener Zeit die einzigen Nonnen in der Stadt – freundschaftlich eng verbunden und ließ ein Oratorium errichten, das sie jeden Samstag mit dem Boot besuchte, um dort eine feierliche Vesper zu begehen. Eine ihrer Töchter wurde zweite Äbtissin des Konvents. Als sie starb, hinterließ Adriana das Oratorium den Benediktinerinnen, die es über viele Jahre erhielten.

899 breitete sich über das ganze Gemeindegebiet von Anzolo Rafael ein verheerendes Feuer aus. Aufgrund einer Offenbarung des hl. Gregor des Großen stifteten die Familien Candiana und Ariana, nachdem sie die Nonnen verstoßen hatten, einen neuen Kirchenbau, der *chiesa parrocchiale* wurde und in dem die Gebeine des hl. Nicera, Bischof von Antiochia, aufbewahrt wurden. Auch diese wiedererstandene Anlage von Anzolo Rafael fiel dem Brand von 1105 zum Opfer, so daß eine weitere neue Kirche geschaffen wurde – diesmal mit den Spenden der Gläubigen –, die 1193 geweiht wurde. Wie Marin Sanudo berichtet, war der Sakralbau berühmt für seine wertvollen Musikinstrumente, etwa den *rigabello*, eine kleine tragbare Orgel, und den *torsello*, ein Schlaginstrument, das mit Schlegeln gespielt wurde und nach dem Deutschen benannt war, der ihn in Venedig eingeführt hatte.

Kirche und Glockenturm überstanden mehr als vier Jahrhunderte, bis sie zu zerfallen drohten und 1618 von Francesco Contino instand gesetzt wurden. Contino errichtete im Zuge dieser Baumaßnahmen auch einen zweiten Turm, während die Kirchenfassade erst 1735 entstanden ist. Heute gehört Anzolo Rafael zum Kirchensprengel von San Nicolò dei Mendicoli.

In der Ansicht von de' Barbari erhob sich links neben der Kirchenfassade ein einziger Campanile, der durch Blendbögen gegliedert und durch ein recht gedrungenes Kegeldach bedeckt war. Der heutige, an die Apsis angefügte Ziegelbau ist an der zum Campo gerichteten Seite mit einer Uhr ausgestattet. Die Glockenkammer öffnet sich in Biforien und wird überragt von einem kleineren achteckigen Tambour. Ein aus acht Zwickeln zusammengesetztes, betont scharfkantiges Zwiebeldach deckt den Turm und gipfelt in einer kleinen Laterne. Ein entsprechend gestalteter Turm findet sich auf der anderen Seite der Kirche.

Sant'Aponal

Sant'Apollinare
San Polo
Höhe: 50 m
handbetriebene Glocken
> 104, 138, 155, 221

Die 1034 von den adeligen ravennatischen Familien Sciavola und Rampana gegründete Kirche war dem Schutzheiligen ihrer Heimatstadt geweiht. Der Sakralbau wurde zusammen mit dem heute noch bestehenden Campanile erneuert und sowohl 1407 als auch 1791 Instandsetzungsmaßnahmen unterzogen. 1806 fand auf dem Hauptaltar das aus der zerstörten Kirche Santa Giustina di Castello stammende Tabernakel Aufstellung, das aufgrund seiner reichen Ausgestaltung mit Jaspis, Achat und Karneol besonders wertvoll war. Bis zu seiner Schließung 1810 diente Sant'Aponal als Pfarrkirche. Diese wurde im Jahre 1851 noch einmal eine Zeitlang für Gottesdienste genutzt, bevor sie endgültig aufgegeben wurde. Heute beherbergt sie das Gemeindearchiv.

In seiner jetzigen Erscheinung, ein wenig abgerückt von dem Kirchenbau, aus Ziegeln errichtet und durch Wandvorlagen gegliedert, entspricht der Glockenturm genau jenem von Jacopo de' Barbari in seiner Venediganansicht gezeigten Campanile. Er befindet sich im Besitz der Gemeinde Venedig, in deren Auftrag er kürzlich restauriert wurde. Das Glockengeschoß öffnet sich durch Drillingsarkaden, deren Säulen und Kapitelle in istrischem Stein ausgeführt sind. Der darüberliegende Wandabschnitt ist von einem Spitzbogenfries geschmückt, wie er in ähnlicher Gestaltung den sechseckigen Tambour ziert. Den Turmabschluß bildet eine polygonale Turmhaube.

Als weitere Dekorationen finden sich an den Wänden des Campanile Tondi und Reliefs, die auf den ersten Kirchenbau aus dem 11. Jahrhundert zurückgehen. Aus Sant'Aponal stammt auch der *leone in moeca* (ein geflügelter Löwenkopf), der sich heute im Museo Correr befindet.

Santi Apostoli

> 66, 105, 111, 142, **144**, 204, 209, 214, 221

San Barnaba

Dorsoduro
Höhe: 35 m
handbetriebene Glocken
> 62, 189, 198, 212

Die erste, 809 von der aus Altino stammenden Familie Adami gestiftete Kirche brannte 1105 ab. Nachdem sie mit den Spenden der Gläubigen wiederaufgebaut worden war, wurde sie am 6. Dezember 1350 geweiht. In ihrer heutigen Gestalt – eine klassizistische Fassade mit korinthischer Ordnung und einem mächtigen Giebel – wurde die Sakralanlage 1749 nach einem Entwurf von Lorenzo Boschetti errichtet.

Von den in San Barnaba tätigen Gemeindepfarrern verdienen Simone Moro und Nicolò del Corso besondere Erwähnung. Moro wechselte nach seinem Wirken als Priester in San Barnaba in die *parrochia* San Marcuola, bevor er 1291 auf den Bischofsstuhl von San Pietro di Castello gewählt wurde. Nicolò del Corso hingegen wurde 1425 *primicerio* von San Marco.

Der heutige, im Stil der Gotik errichtete Campanile geht auf das Jahr 1359 zurück. 1882 wurde er von Lodovico Cadorin restauriert. Der durch doppelte Blendfelder gegliederte Backsteinbau ruht auf einem Sockel aus Kalksteinblöcken. Die Drillingsarkaden der Glockenstube werden von kleinen weißen Säulchen und Ziegelbögen gebildet. Die kegelförmige Turmspitze erinnert an die Kontur eines Zapfens und wird durch vier auf den Ecken des Klanggeschosses aufsitzende Türmchen besonders akzentuiert. In de' Barbaris Wiedergabe des Campanile von San Barnaba, bei dem das Dach niedriger dargestellt ist, fehlen diese kleinen Aufsätze.

San Bartolommio

San Francesco di Paola
Castello
zerstört

Nahe der Insel von Castello entstand 840 eine dem hl. Demetrius von Thessalonike geweihte Kirche. Nachdem sie unter dem Dogen Domenico Selvo 1070 erneuert worden war, wurde sie dem Apostel Bartholomäus geweiht. Von Beginn an Pfarrkirche, stand ihr als erster Vikar Giovanni Polani, Sohn des Dogen Pietro, vor. 1291 ließ der Bischof von Castello, Tommaso Querini, ein Hospiz für 16 Kranke anbauen. 1324 stellte Papst Johannes XXII. die Kirche unter die Gerichtsbarkeit des Patriarchen von Grado.

1588 gingen Hospiz und Kirche an den Orden der Minimi des hl. Franz von Paula über, unter dessen Verwaltung das Krankenhaus in einen Konvent umgewandelt wurde. Zudem ließen die Mönche die den Heiligen Bartholomäus und Franz von Paula gewidmete Kirche neu errichten. Sie erhielt im Jahre 1619 ihre feierliche Weihe. 1806 wurde das Kloster in eine Kaserne umgewandelt, bis die Gebäude 1885 eingerissen wurden. An ihrer Stelle entstand ein unansehnliches Schulhaus.

In de' Barbaris Venediganansicht sind die Wände der einschiffigen Kirche durch Lisenen gegliedert. Der Sakralbau steht parallel zum Rio di Castello, der 1808 zugeschüttet wurde, um dort die Via Eugenia, die heutige Via Garibaldi, anzulegen. Der Campanile erhebt sich in de' Barbaris Wiedergabe von San Bartolommio am Ende der Hallenkirche, was ebenso für den Glockenturm in der Ansicht von Giampiccoli gilt. Allerdings weichen die beiden Darstellungen in der Gestaltung des an der *fondamenta* (Uferpromenade) liegenden Eingangsportals und im Aufbau des Campanile voneinander ab. De' Barbari zeigt eine durch Biforien geöffnete Glockenkammer, die von kleinen Zinnen geschmückt wird. Den Turmabschluß bildet eine pyramidenförmige Spitze. Kirche und Glockenturm wurden 1588 zerstört und durch die Kirche San Francesco di Paola ersetzt, bei der ein vier Meter hoher Campanile direkt auf dem Kirchendach aufsitzt.

San Basilio

Dorsoduro
zerstört

Alle berühmten Persönlichkeiten, die vom Festland nach Venedig kamen, wurden in der Pfarrkirche San Basilio von der Serenissima feierlich empfangen. Der Sakralbau beherbergte den Altar der *acquaioli*, der Wasserträger. Ihre Aufgabe war es, die Stadt mit Trinkwasser zu versorgen. Die Frage, ob es sich um eine auf das Jahr 870 zurückgehende Stiftung der Patrizierfamilie Basegio handelte oder ob der Kirchenbau 905 von den Familien Molini beziehungsweise Accotanto ermöglicht wurde, konnte bisher nicht geklärt werden. Nach dem Brand von 1105 mußte die Anlage erneuert werden, wurde allerdings während des Erdbebens von 1347 abermals zerstört. Der darauf folgende Neubau der Kirche konnte – wie einem Gedenkstein zu entnehmen ist – bereits ein Jahr später geweiht werden. Wie Cicogna berichtet, nutzte man diese mit dem Weihedatum versehene Steinplatte zusammen mit anderen Gebäuderesten als Baumaterial, um das Theater San Giovanni Crisostomo, das heutige Teatro Malibran, wiederherzustellen.

In der Ansicht von de' Barbari lassen sich Apsis und Campanile von San Basilio entdecken, nicht aber die Fassade, die Cicogna zufolge ihr gotisches Gepräge bewahrt hatte. Zwischen 1476 und 1514 erfuhr die Kirche eine weitere Restaurierung. Aus einem Bericht über den Papstbesuch von 1581 geht hervor, daß es sich um eine dreischiffige Basilika handelte: Das Mittelschiff war von den Seitenschiffen durch Säulenreihen getrennt und mit einem offenen Dachstuhl gedeckt, der an das Innere eines Holzbootes erinnerte. Zudem ist in der Schilderung zu lesen, daß den Hauptaltar ein von einem Baldachin überfangenes Gemälde des hl. Basilius schmückte. 1730 wurden Kirche und Glockenturm von Andrea Tirali erneuert. Von dem Sakralbau ist ein bossiertes Portal aus istrischem Stein erhalten geblieben, das von einer großen Maske bekrönt wird und durch das man möglicherweise einst in den Campanile gelangte.

1808 wurde San Basilio zunächst Filialkirche von San Trovaso. Ab 1810 diente das Gebäude als Lagerraum für Nutzholz, bis die Anlage 1824 zusammen mit dem Glockenturm eingerissen wurde. Ein gotisches Fenster, ionische Säulen, Renaissancereliefs, gotische Kapitelle, sowie ein Engel, der wohl als Schlußstein des Portals diente und an jenen von Giovanni Grevembroch erinnert, ist alles, was von der Kirche auf uns gekommen ist. Die unzuverlässigen Zeichnungen von Antonio Visentini, die phantasievoll gestalteten Reliefs, die groben Beschreibungen ebenso wie die verbliebenen Gemälde ermöglichen uns nur eine vage Vorstellung davon, wie reich die Kirche San Basilio einmal gewesen sein muß. Der in de' Barbaris Druck zu sehende Glockenturm zeigt eine Lisenengliederung, darüber das Klanggeschoß mit Drillingsarkaden und eine konische Turmspitze, die der Bekrönung des Glockenturms von San Barnaba ähnelt.

San Beneto

San Benedetto
San Marco
Höhe: 20 m
handbetriebene Glocken
> 42

Über die Ursprünge der Kirche gibt es eine Reihe von Unstimmigkeiten: Cappelletti zufolge wurde der Sakralbau im Jahre 1005 von den Familien Colobrini und Faliero errichtet, während Corner bekräftigt, San Beneto sei bereits gegründet und Pfarrkirche gewesen, als sie Giovanni und Domenico Falieri dem Kloster San Michele Arcangelo von Brondolo überließen. Nach Angaben von Lorenzetti war es Papst Gregor IX., der die Sakralanlage 1229 verschenkte. Hingegen berichtet Sansovino, San Beneto sei erst 120 Jahre vor seinem »Venetia Città Nobilissima et Singolare« (1663) zur *chiesa parrocchiale* erhoben worden. Den Aufzeichnungen von Zanotto läßt sich entnehmen, daß das Gebäude auf Wunsch von Patriarch Giovanni Tiepolo 1619 erneuert wurde, während Lorenzetti das Jahr 1685 anführt. Indessen wird in keiner der Niederschriften der Name des Architekten genannt.

De' Barbari zeigt einen in Ziegel erbauten, durch doppelte Blendarkaden gegliederten Turmkörper, der eine durch Drillingsarkaden geöffnete Glockenstube trägt. Darüber erhebt sich eine konische Spitze, die von vier Pinakeln an den Ecken flankiert wird. In Aufbau und Form ähnelt der Campanile jenem von San Barnaba. Am 26. November 1540 stürzte der Glockenturm wahrscheinlich wegen seines maroden Zustandes ein. Der heutige Campanile geht auf das Jahr 1619 zurück. Diesen Baukörper aus Backstein strukturiert auf jeder Seite ein großes Blendfeld, und das Klangarkadengeschoß öffnet sich in einem einzigen Bogen, der von kleinen Pilastern aus istrischem Stein gerahmt wird. Ein auskragendes Gesims aus dem gleichen Material trägt den achteckigen Tambour. Überragt wird der Turmbau von einer aus acht bleigedeckten Bogenzwickeln bestehenden Zwiebelkuppel.

San Biagio

Castello
zerstört

Die Pfarrkirche San Biagio wurde 1052 von der Familie Boncigli an einer Stelle erbaut, an der sich einstmals die Isola di Ladrio oder Adrio befand und die – neben dem Arsenal und zum Bacino gerichtet – strategisch günstig gelegen war. In dem Sakralbau wurde die Messe sowohl nach katholischem als auch nach orthodoxem Ritus zelebriert, bis die Griechen 1513 nach San Giorgio übersiedelten. Nach ihrem Verfall wurde die Kirche 1745 auf Betreiben des Pfarrers Leonardo Ferruzzi wiederaufgebaut, wobei der Entwurf von Filippo Rossi, dem Proto des Arsenals, stammte. Nach ihrer Stillegung 1810 wurde die Anlage 1817 als Kirche des Marinekorps erneut geöffnet. Aus San Martino brachte man das Grabmal des 1796 verstorbenen Admirals Angelo Emo, ein Werk von Giuseppe Ferrari Torretti, nach San Biagio. Bevor das Monument in San Martino aufgestellt worden war, hatte es sich in der Chiesa dei Servi befunden.

Der bei de' Barbari dargestellte Glockenturm erhebt sich halb verdeckt zwischen den Segeln der vor Anker liegenden Schiffe und zeigt eine durch einen großen Segmentbogen geöffnete Glockenstube mit einem oktogonalen Tambour und einer gleichfalls achtseitigen, stark zugespitzten Dachhaube. Über das Bauwerk ist so gut wie nichts bekannt, außer daß es mit Sicherheit das Teatro del Mondo von Aldo Rossi inspiriert hat.

San Boldo

Sant'Ubaldo
San Polo
Turmstumpf

Im 11. Jahrhundert hatte man dem hl. Theobald eine Pfarrkirche geweiht, die, nachdem sie abgebrannt war, im Jahre 1373 in größeren Dimensionen wiederaufgebaut wurde. Der neue bei de' Barbari dargestellte Kirchenbau wurde von den Familien Giusti und Tron gestiftet. Elena Bassi beschreibt die Anlage mit folgenden Worten: »Formava un corpo unico con un edificio civile; dietro un alto campanile a cuspide con la cella campanaria a trifora.« (Sie bildete einen einzigen Baukörper mit einem Bürgerhaus; hinter einem hohen Kirchturm mit einer Spitze und einer Klangarkade mit Triforium.) Das in die Kirche integrierte Haus befand sich im Besitz der Familie Grimani, die das kleine Gotteshaus als ihre Privatkapelle betrachtete. 1735, nachdem das alte Gebäude abgerissen worden war, entstand nach dem Entwurf von Giorgio Massari eine neue Kirche, in der bereits zu Weihnachten 1739 die Messe gelesen wurde. Zwei Gemälde von Antonio Visentini zeigen ein modernes Gebäude im Stil des Neopalladianismus mit ausgewogenen Proportionen.

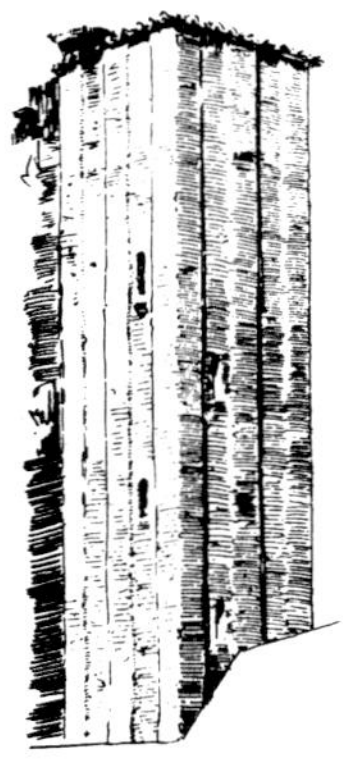

Nach Aufgabe der Kirche im Jahre 1806 wurde die überaus wertvolle Ausstattung zerstreut; die gesamte Anlage sollte zwanzig Jahre später zerstört werden. An ihrer Stelle entstanden kaum beachtenswerte Häuser, die sogar das verbliebene Rudiment des Campanile vereinnahmten. In der Ansicht von de' Barbari war der Glockenturm mit Lisenen versehen und trug ein Glockengeschoß mit Drillingsarkaden und ein Kegeldach.

San Bortolomio

> 65, 104, **148**, 205, 219

San Canzian

> 66, **130**

Carmini

Santa Maria del Carmine
Dorsoduro
Höhe: 66 m
elektromechanisch betriebene Glocken

> 62, 70, 150, 198, 222

Die auf das Jahr 1290 zurückgehende Kirche wurde mit Hilfe der von Papst Nikolaus IV. eingebrachten Ablaßzahlungen vervollständigt und am 6. April 1348 von Bischof Marco Marcello, der als Prior im benachbarten Kloster wirkte, geweiht. Bis 1810 lagen Nutzung und Verwaltung von Kirche und Konvent in den Händen der Karmeliter. Die dreiteilige, von Segmentgiebeln beherrschte Fassade ist Anfang des 16. Jahrhunderts zu datieren und vermutlich als Werk von Sebastiano Mariani da Lugano anzusehen, was gleichermaßen für die fünf die Giebel flankierenden Statuen gelten kann. Auf der linken Seite der Kirche blieb die kleine Vorhalle aus dem 14. Jahrhundert erhalten, die mit Resten eines palmettengeschmückten Rahmens aus dem 9. Jahrhundert und – ähnlich wie in Torcello – mit byzantinischen Fliesen dekoriert ist.

Zwischen dem Ende des 16. und dem Anfang des 17. Jahrhunderts wurden an der Anlage immer wieder Umbauten und Restaurierungen vorgenommen. So erhielt das Mittelschiff eine reich skulptierte und vergoldete Holzverkleidung, in die auch zahlreiche wertvolle Gemälde integriert waren. Dabei blieb die trecenteske Anordnung der drei weiten Schiffe, die durch zwei Reihen solider Säulen unterteilt wurden, gewahrt. Im frühen 19. Jahrhundert wurde die Orgel eingeweiht, deren großartiger Klang zahlreiche Zuhörer anzog.

Die Kirche beherbergt eine Vielzahl wertvoller Reliquien, darunter den Kopf des hl. Bischof Ulderico, eine Rippe des hl. Propheten Eliseus – Bonaventura Barletta hatte sie 1325 gespendet, nachdem er sie vom Konvent San Lorenzo in Cesarea in der Nähe von Ravenna erworben hatte –, einen

Knochen des hl. Simeone Stok, einem Karmelitermönch aus Bordeaux, der 1621 als Schenkung des Veneter Gregorio Canale, dem Ordensgeneral der Karmeliter, in die Carmini-Kirche gelangte.

De' Barbaris Glockenturm entspricht in seiner Form dem 1290 erbauten Campanile: Über der in Biforien geöffneten Glockenstube erhebt sich die pyramidenförmige Spitze. Während der Erdbeben der Jahre 1347, 1410 und 1511 war der Turm stark beschädigt worden, so daß er 1511 abgetragen werden mußte. 1520 bereits wurde ein höherer Neubau errichtet, der sich allerdings schon bald zu neigen begann. Einer Gedenkplatte zufolge konnte der Campanile indessen 1688 durch Giuseppe Sardi wiederaufgerichtet werden. Zwischen 1908 und 1913 wurde die Klangarkade instand gesetzt.

Der Campanile aus Backstein ist durch Lisenen gegliedert, wobei er auf einem Sockel aus istrischen Steinblöcken ruht und mit einem auskragenden Gesims aus dem gleichen Material abschließt. Die Glockenkammer öffnet sich durch Zwillingsarkaden mit gestelzten Rundbögen, die aus istrischem Kalkstein bestehen und von Säulen aus Ziegeln gestützt werden. In die Fensteröffnungen sind Balustraden eingestellt, die, ebenso wie die beiden Gesimse, aus dem weißen Stein geschaffen wurden. Der hohe oktogonale Tambour ist durch Nischen rhythmisiert und von einem Dach aus acht bleigedeckten Flächen bekrönt. Darauf erhebt sich, über allem schwebend, eine Madonnenstatue, die Romano Vio, ein Schüler von Marta Sammartini, 1960 geschaffen hat.

San Cassian

San Cassiano

San Polo

Höhe: 43 m

elektromechanisch betriebene Glocken

> 65, 105, 138, 163, 205

Viele Male mußte die Kirche San Cassian neu errichtet werden: Der erste Kirchenbau reicht Gallicciolli zufolge auf das Jahr 726 zurück. Er wurde von Angelo Michieli ausgeführt und war der hl. Cäcilia geweiht. 926 entstand die zweite Kirche, die, von den Familien Micheli, Minotto und Miani gestiftet, dem hl. Kassian gewidmet war. Der dritte Sakralbau stammte von 1106, nachdem das alte Gebäude dem Brand von 1105 anheimgefallen war. Mit den Mitteln der Familie Miani entstand 1205 die vierte Kirche, und im Zuge des fünften Wiederaufbaus 1350 wurden die vier den Bogen stützenden Säulen aufgestellt. Das sechste Mal wurde San Cassian im Jahre 1611 neu errichtet.

Die Kirche war mit einer Vielzahl von Kunstwerken ausgeschmückt. Die wertvolle Marmorverkleidung der Sakristei geht auf eine Spende von Abtgraf Carlo del Medico zurück, dessen Grabmal sich dort auch befindet. Zu den vielfältigen Reliquien in der Kirche San Cassian zählen die Gebeine des hl. Kassian, der vermeintliche Kopf der hl. Cäcilia, der Kiefer des als Märtyrer gestorbenen hl. Laurentius, einige Kopfhaare der Jungfrau Maria, ein mit dem wertvollen Blut Christi getränkter Schleier, das Fragment einer Dorne der Dornenkrone von Jesus Christus, ein Splitter des allerheiligsten Kreuzes sowie Teile des Körpers des hl. Dionysius.

Levi zufolge deutet die massive Bauweise des Campanile darauf hin, daß er zunächst als ein vor der Kirche entstandenes, der Verteidigung dienendes Gebäude errichtet worden sein muß, das 726 in einen Glockenturm umgewandelt wurde. 1295 folgte ein vollständiger Neubau, der allerdings auf den alten Grundmauern aufsetzte. Dieser mit Klangarkade und Dach versehene Campanile war 1350 fertiggestellt. Zunächst freistehend, entsprach er jenem in de' Barbaris Druck gezeigten Glockenturm, wohingegen der heutige Turm an die Apsis der vergrößerten Kirche angelehnt ist.

Der rote Ziegelbau ruht auf einem Sockel aus kräftigen, weißen Kalksteinblöcken, über denen hohe Blendfelder in kleinen Dreipaßbögen enden. Das Klanggeschoß ist durch einen geometrischen Ziegelfries abgesetzt. Die Glockenstube öffnet sich in Drillingsarkaden mit Spitzbögen und kleine Säulen aus istrischem Stein. Das Pyramidendach ist ziegelgedeckt und weist ein Gaupe auf.

Santa Caterina

Cannaregio

zerstört

Die ersten Mönche dieser weit zurückreichenden Kirchengründung waren die aufgrund ihrer aus Säcken genähten Bekleidung so genannten *sacchiti*. Nachdem der Orden 1274 durch den Concilio di Lione aufgelöst worden war, erwarb der Kaufmann Giovanni Bianco im Jahre 1288 die Gebäude, um sie Bortolotta Giustinian, der Tochter des Nicolò, als Schenkung zu überlassen. Nicolò Giustinian hatte als Mönch in San Nicolò di Lido vom Papst den Dispens erhalten, damit er sich mit Anna Michieli vermählen konnte, um so das Aussterben der Familie zu verhindern. Bortolotta bezog mit einer Gruppe von Augustinerinnen das Kloster.

Eine der Nonnen, die im 15. Jahrhundert den Konvent bewohnten, Suor Ginevra Querini, hatte einen Geliebten namens Federico Giustinian, der sie aus ihrem »Gefängnis« befreien wollte. Davon hatten die beiden Strolche Domenico Contarini und Paolo Erizzo gehört, und sie schlichen bewaffnet um die Klosteranlage herum. Es gelang ihnen, das Treffen und zugleich die Flucht zu verhindern, womit sie sich aber offenbar noch nicht zufriedengaben. Anschließend stiegen sie nämlich mit Hilfe von Giacomo Nani über die Mauer, und Contarini, der sich im Dunkeln als Giustinian ausgab, wohnte der Nonne bei. Nachdem sie entdeckt worden waren, wurden Contarini und Erizzo am 14. Mai

1446 zu einem Jahr Gefängnis und zu einer Geldstrafe von jeweils 100 Lire verurteilt, während Nani und Giustinian mit sechs Monaten Kerker und der gleichen Geldbuße bestraft wurden.

Weiterhin ist bei Sanudo zu lesen, daß der Patriarch auf Anweisung des Papstes eine Dame aus dem Hause Michiel gegen den Willen der Nonnen ins Kloster Santa Caterina aufgenommen wissen wollte. Nach Ansicht der Klosterschwestern war diese noch verheiratet. Daraufhin schickte der Patriarch in der Nacht des 10. Oktober 1517 den Vikar nach Santa Caterina, um die Klostertore gewaltsam zu öffnen. Die Nonnen indes schlossen sich im Glockenturm ein, schlugen mit einem Hammer die Glocken und brachten auf diese Weise die Bewohner des Stadtteils dazu, ihnen zu Hilfe zu eilen.

1807 wurde der beschlagnahmte Konvent in ein Gymnasium mit angeschlossenem Internat umgewandelt, woraus sich das Liceo Marco Foscarini entwickelte. Aller Ausstattung beraubt, besteht der Kirchenbau noch heute. Der in de' Barbaris Stadtansicht zu erkennende, innerhalb eines Kreuzgangs freistehende Campanile, der von einem Pyramidendach bedeckt wird, ist heute zerstört.

Celestia

Santa Maria Celeste oder Santa Maria Assunta in Cielo
Castello
zerstört

Der Konvent wurde zu Ehren der Sancta Maria de Coelestibus von Ranieri Zeno gegründet. Der spätere Doge brachte zwölf Zisterzienserinnen aus Piacenza – dort hatte er 1237 das Amt des *podestà* (Stadtvogt) inne – nach Venedig. Die 1119 mit den Mitteln der Familie Celsi begonnene Kirche war 1239 vollendet. Wie de' Barbaris Holzschnitt zu entnehmen ist, schloß sich an einer Seite des dreischiffigen Sakralbaus der Glockenturm an. Darüber hinaus gehörten zu der Anlage ein zur Lagune gerichtetes Dormitorium sowie ein Kreuzgang mit zwei Säulenordnungen.

Zwei Ordensschwestern aus der Familie Contarini hatten ihre Brüder gebeten, aus dem Orient ein Gemälde der Jungfrau Maria mitzubringen. Diese beabsichtigten jedoch, das von ihnen gefundene Marienbild ihrer *parrocchia*, der Pfarrkirche Santi Apostoli, zu schenken. Auf der Rückreise wurden sie von solch fürchterlichen Stürmen heimgesucht, daß sie das Abbild der Muttergottes in einem Boot zurücklassen mußten. Dieses lief genau vor der Celestia auf eine Sandbank auf. Am 2. August 1341 wurde in Anwesenheit der Staats- und Kirchenoberhäupter eine von Giovanni Grevembroch geschaffene Kopie der Marienikone oberhalb des Kirchenportals angebracht.

Nach dem Brand im Arsenal von 1569 erhielt Andrea Palladio den Auftrag, den Konvent wiederzuerrichten, während Vincenzo Scamozzi 1581 mit dem Entwurf für eine neue Kirche betraut wurde. Der Sakralbau, eine der Zeit gemäße Rotunde mit Kuppel und Tempelfront, wurde in dem Stadium, als die Kuppel angelegt werden sollte, von den Ordensschwestern abgelehnt. Nachdem das bis dahin errichtete Gebäude daraufhin niedergerissen worden war, ließen die Nonnen im Jahre 1611 eine Kirche über einem Grundriß in Form des lateinischen Kreuzes bauen, die Patriarch Francesco Vendramin feierlich weihte. 1810 verschwand dieses Gebäude. Die überreiche Ausstattung ging verloren, alle Gräber wurden ausgeräumt, die Gebeine des Humanisten Trifone Gabriel, des *capitano de mar* (Kapitän aller Meere) Carlo Zeno ebenso wie jene des Dogen Lorenzo Celsi gelangten schließlich in die Kirche Sant'Ariano.

Zwischen 1858 und 1866 beherbergte das Kloster die österreichische Garnison, und von 1873 bis 1943 hatte in der Anlage die zum Arsenal gehörende Schule der Maschinisten ihren Sitz. 1930 wurde ein Teil der Konventsgebäude in Wohnhäuser umgewandelt, während den anderen Teil das *archivio storico comunale*, das Städtische Geschichtsarchiv, bezog. Derzeit wird der Kreuzgang umfassend restauriert. Beschreibungen dieses überaus prächtigen Klosterkomplexes sind in Sansovinos Ausführungen und in den Zeichnungen von Antonio Visentini erhalten.

De' Barbaris Druck zeigt den Campanile aus dem Jahre 1237. Der mit doppelten Blendfeldern versehene Ziegelbau trägt ein durch Drillingsarkaden geöffnetes Glockengeschoß; das darauf aufsetzende Kegeldach wird von Zinnen umrahmt. Der Turm wurde zusammen mit der Kirche niedergerissen.

Santa Chiara

Santa Croce
zerstört

Nach der Überlieferung des Francesco Sansovino war die *isoletta di Santa Chiara*, die kleine, von Franziskanerinnen bewohnte Insel von Santa Chiara, über eine Holzbrücke mit der Stadt verbunden. Die Kirche ging, so berichtet Sansovino weiter, auf eine Stiftung der Patrizier Bolani und Bernardo von 1236 zurück. Der Sakralbau mußte mehrere Male erneuert werden. Nach einem Brand im Jahre 1574 wurde er am 27. April 1620 – noch nicht ganz vollendet – geweiht. Eine Legende besagt, der hl. Ludwig IX., König von Frankreich, habe, als er den Konvent unter falschem Namen besuchte, als Geschenk einen wertvollen Ring mit zwei Nägeln vom Kreuz Christi hinterlassen. Dieser Ring war die einzige Reliquie, die während des Brandes gerettet werden konnte. Nach der Aufgabe der Kirche wurde er in San Pantalon aufbewahrt.

1806 wurde der Konvent aufgelöst, und seit 1819 dienten die Gebäude als Militärkrankenhaus. In der zweiten Hälfte des 19. Jahrhunderts wurde die Anlage abgerissen. Einzig der große Vorplatz des Kreuzgangs blieb erhalten, der heute von der Polizeikaserne genutzt wird. Einst eines der malerischsten Stadtteile Venedigs, wurde dieses Gebiet am Ende des Canal Grande in nur wenigen Jahrzehnten zerstört.

Der Campanile wird in der Venediganiscsicht von Jacopo de' Barbari als Ziegelbauwerk dargestellt, das durch eine mit Zwillingsarkaden ausgestattete Glockenkammer bekrönt wird. Auf ihre Ecken sind kleine Pinakel aufgesetzt. Als Turmabschluß ist ein Kegeldach zu erkennen. Der Glockenturm von Santa Chiara wurde in der zweiten Hälfte des 19. Jahrhunderts abgetragen.

Corpus Domini

Cannaregio
zerstört

Mit Einwilligung des Bischof von Castello errichteten die Benediktinerinnen aus dem Kloster von Santi Filippo e Giacomo im Jahre 1375 unter der Äbtissin Lucia Tiepolo eine Kirche und einen Konvent aus Brettern in einer Gegend Venedigs, die »in cao de zirada« (am Wendepunkt) genannt wird. 1394 ging Corpus Domini unter Führung des seligen Dominikaners Giovanni Dominici und des späteren Bischofs von Feltre, Tommaso Tommasini Paruta – von dem zwei seiner Schwestern dem Konvent angehörten –, an den Orden der Dominikanerinnen über. Dies war mit Billigung von Papst Bonifaz IX. geschehen. Zudem erhielt das Kloster von Papst Eugen IV. die Gerichtshoheit über die nahegelegene Kirche Santa Lucia. Durch einen Brand völlig zerstört, wurde die Anlage 1440 wiederaufgebaut. Am 12. Juli 1444 weihte der hl. Lorenzo Giustiniani, der erste Patriarch Venedigs, die Kirche.

Die nachbarschaftlichen Beziehungen zwischen den einzelnen religiösen Orden waren nicht immer harmonisch. Um die Mitte des 15. Jahrhunderts erbauten einige Nonnen aus dem Orden der Servi di Maria in unmittelbarer Nähe des Klosters Corpus Domini eine Kapelle. Eifersüchtig auf die Rechte der daneben ansässigen Dominikanerinnen, versuchten sie das dominikanische Privileg der Gerichtshoheit über die Kirche Santa Lucia zu erlangen, indem sie eines Nachts die Gebeine der Heiligen entwendeten und in einem Raum unter der Klostertreppe verbargen. Damit verursachten die Nonnen der Servi di Maria allerdings einen Aufruhr, und es drohte ihnen die Exkommunikation. Mit Beschluß vom 8. Juni 1576 ließ der Consiglio dei Dieci die Türen und Fenster des Konvents vermauern, so daß die Servi di Maria aufgeben mußten. Die Reliquie wurde nach Santa Lucia zurückgebracht, wo sie bis zur Zerstörung der Kirche im Jahre 1860 verblieb.

Der Konvent von Corpus Domini, in dem viele junge Mädchen aus dem Adel lebten, beging jedes Jahr eine weithin bekannte feierliche Oktav. An diesem Festtag, der von der nahegelegen Scuola dei Nobili ausgerichtet wurde, fanden Prozessionen statt, an denen die *Scuole Grandi* (die Großen Bruderschaften), der Adel und das Volk teilnahmen, und es wurden traditionelle *corsi di gondole*, Wettfahrten mit den Gondeln, ausgetragen.

Kloster, Kirche, Kreuzgänge, Campanile und unersetzbare Gärten, die an der Einmündung zum Canal Grande gelegen waren, wurden 1815 für immer zerstört, um einem häßlichen Bürogebäude Platz zu machen. Die prächtige Ausstattung dieser Kirche ist ebenso wie die Einrichtung des Klosters bis auf zwei Altäre verschwunden. Die beiden in den Zeichnungen von Antonio Visentini dargestellten Kunstwerke befinden sich heute in der Kirche San Pietro di Castello, sind aber so fehlerhaft montiert, daß sie kaum wiederzuerkennen sind.

Der erste Glockenturm stürzte während des Erdbebens am 10. August 1410 in sich zusammen. Der danach entstandene Neubau erscheint in de' Barbaris Ansicht als gedrungener Ziegelturm, der mit Lisenen geschmückt ist, eine Glockenstube mit Zwillingsarkaden und darüber ein Pyramidendach trägt. Er wurde 1815 zerstört.

Santi Cosma e Damiano

Giudecca
Höhe: 23 m
Glocken außer Betrieb

> 120, 189

Die Benediktinerin Marina Celsi stand als Äbtissin den Klöstern San Matteo auf Murano und Sant'Eufemia auf Mazzorbo vor, als sie 1481 zusammen mit einigen anderen Nonnen diese Konvente aufgrund der dort herrschenden lockeren Sitten verließ, um auf der Giudecca mit dem Segen von Papst Sixtus IV. das Kloster Santi Cosma e Damiano zu gründen. Im gleichen Jahr legte Patriarch Maffeo Gerardo den Grundstein für die Gebäude, die 1498 vollendet waren. Auf Anweisung des Patriarchen reformierte Marina Celsi, die 1492 wiederum Äbtissin geworden war, im Jahre 1519 das Kloster von San Secondo in Isola. Die dort ansässigen Ordensschwestern siedelten mit den gesamten Besitztümern drei Jahre später in das Kloster Santi Cosma e Damiano über. Marina Celsi verstarb 1523 im Alter von 91 Jahren und wurde mit einem feierlichen Begräbnis geehrt. 1583 weihte Giulio Superchio, Bischof von Caorle, die Kirche. In ihrer Schlichtheit erinnert sie an den Baustil von Mauro Codussi, der in jener Zeit sowohl an der Kirche San Michele in Isola arbeitete, als auch die Umbauten in San Zaccaria vorantrieb – zwei weitere Bauvorhaben unter der Führung von Benediktinern.

1806 wurde der Konvent aufgegeben, und die Nonnen zogen nach San Zaccaria um. Der Gebäudekomplex wurde 1810 in eine Kaserne umgewandelt. 1887 richtete man dort ein Heim für Cholerakranke ein. Ende des gleichen Jahres erwarb die Firma Herion die längst säkularisierte Kirche, um dort ihre Werkstätten zu eröffnen. Die Erinnerung an die verlorene, außergewöhnliche Pracht halten die von Antonio Visentini stammende Zeichnung des Portals sowie Gian Battista Tiepolos Darstellung »Das Wunder der ehernen Schlange«, die sich heute in den Gallerie dell'Accademia befindet, wach. Der Konvent wird, nachdem er eine Weile als Behausung für Obdachlose diente, gegenwärtig instand gesetzt, während Kirche und Campanile – sie sind Eigentum der Gemeinde von Venedig – zu verfallen drohen.

Der direkt auf dem Kirchenbau errichtete Glockenturm befindet sich noch an seinem ursprünglichen Standort. Über einem Sockel aus weißen Kalksteinblöcken ist er aus Backsteinen erbaut. Die Glockenkammer öffnet sich in Biforien mit gestelzten Rundbögen. Darüber erhebt sich ein schmaler oktogonaler, durch Nischen gegliederter Tambour, den ein Pyramidendach abschließt.

Santa Croce

Giudecca
zerstört

Über die Ursprünge des Klosters auf der zwischen San Giorgio Maggiore und der Giudecca gelegenen Insel von Tiraboschi sind keine Nachrichten auf uns gekommen. Ab 1328 belegt, gelangte der Benediktinerkonvent durch die Äbtissin Eufemia Giustiniani zu Berühmtheit. Eufemia war die Nichte des hl. Lorenzo Giustiniani, des ersten Patriarchen Venedigs. Sie verstarb, selbst verehrt wie eine Heilige, im Jahre 1465. Unter ihrer Amtsführung hatte die Pest des Jahres 1446 bereits vier Nonnen dahingerafft. Eines Tages erschien ein Reiter an der Klosterpforte mit der Bitte um etwas Wasser. Wie sich später herausstellte, war dies der hl. Sebastian. Seither trägt der Brunnen, an dem der Reiter seinen Durst stillte, den Namen »pozzo di San Sebastiano«, und dem Wasser werden heilende Kräfte nachgesagt.

Es folgte ein neuer Kirchenbau, dessen Grundstein am 25. April 1508 gelegt wurde und den Patriarch Antonio Contarini im Jahre 1515 weihte. In der Kirche wurden die Gebeine des hl. Anastasius, Kirchenvater und Patriarch von Alexandria, verehrt. Aufgrund eines Erlasses vom 28. Juli 1806 siedelten die Ordensschwestern in das Kloster San Zaccaria über. Der Klosterkomplex von Santa Croce wurde zu einem Gefängnis umgebaut.

Zu den erhalten gebliebenen Resten der Sakralanlage gehört die Grundstruktur der Kirche, deren Fassade dem Steinhauer Pellegrino zugeschrieben wird. Der in de' Barbaris Druck erkennbare stattliche Glockenturm hingegen existiert heute nicht mehr. Das durch Zwillingsarkaden geöffnete Klanggeschoß wurde von einem Kegeldach bedeckt, um das vier Türmchen angeordnet waren.

Santa Croce degli Armeni

San Marco
Höhe: 24 m
handbetriebene Glocken

Marco Ziani, Sohn des Dogen Pietro, vermachte in seinem Testament vom 5. Juli 1253 den Armeniern ein im Kirchensprengel von San Zulian gelegenes Haus, das die Beschenkten als Hospiz nutzten. Als die Armenier den Wunsch nach einer Kirche äußerten, in der sie ihrem Ritus folgend die Messe feiern konnten, erteilte ihnen Papst Leo X. die Erlaubnis, einen Sakralbau zu errichten. Im Jahre 1596 war das dem Heiligen Kreuz (Santa Croce) gewidmete Kirchlein vollendet. 1682 wurden die Armenier berechtigt, mit den Mitteln von Gregorio di Giraci di Mirman das kleine Gebäude zu vergrößern. 1688 fertiggestellt, konnte die umgebaute Kirche am 29. Dezember des gleichen Jahres geweiht werden. Sie wurde 1703 erneuert und unter die Aufsicht der Procuratori de Citra gestellt, die sich jedes Jahr am Tag der Auffindung des Kreuzes dorthin begaben. Bis heute wird in der Kirche von den Mechitaristen von San Lazzaro die Messe nach östlichem Ritus gelesen. Der Friedhof der Mechitaristen befand sich auf der Insel von San Giorgio Maggiore zwischen Kirche und Glockenturm.

Auch der Campanile von Sante Croce degli Armeni stammt aus dem Jahr 1682. Er besteht aus einem Backsteinkörper, der durch Wandvorlagen und vorkragende weiße Kalksteingesimse gegliedert wird. Die Glockenkammer öffnet sich zu allen Seiten in jeweils einem einzelnen Rundbogen, der mit einem aus Ziegeln gestalteten Relief verziert ist. Der Turm schließt mit einem vierflächigen Dach ab, das in eine Zwiebelkuppel übergeleitet wird.

Santa Croce in Luprio

Santa Croce
zerstört

Im 6. Jahrhundert trafen die von den Langobarden vom Festland verdrängten Flüchtlinge auf der Insel von Luprio zusammen und gründeten dort eine Kirche, die 774 Pfarrkirche wurde. Der Sakralbau war von solcher Bedeutung, daß der Stadtteil Sestiere di Santa Croce nach ihm benannt wurde. Im ersten Jahrzehnt des 12. Jahrhunderts gelangten die Kluniazenser aus Frankreich dorthin und gründeten ein Kloster. Für das Jahr 1115 ist Domenico als erster Prior dokumentiert. 1119 wurde dem Zönobium ein Wasserweg überlassen, ein Geschenk, das angefochten wurde. Erst 1282 gaben die Richter des Piovego den Mönchen recht. Nachdem das Kloster unter dem Priorat von Filippo 1341 in Verruf geraten war, mußten die Mönche flüchten. Der Konvent wurde instand gesetzt und ging 1460 in die Hände der Clarissinnen über, die 1583 unter dem Dogen Nicolò da Ponte mit der letzten Erneuerung der Kirche – der Entwurf stammte von Antonio da Ponte – begannen. Die Anlage wurde am 10. Juli 1600 von Ottavio Abioso, Bischof von Pistoia, geweiht und fiel unter die Jurisdiktion des Patriarchen.

1806 wurde der Konvent zum Kloster erster Klasse erklärt, und 1807 versammelten sich dort die Ordensschwestern von Santa Chiara. 1810 wurden Kirche und Kloster aufgelöst und die Gebäude in Lagerräume umgewandelt. Zu Beginn des 20. Jahrhunderts mußte der gesamte Komplex der Anlage der Papadopoli-Gärten weichen. In der Venediganansicht von de' Barbari weist die dreischiffige Kirche auf den *campiello*, den kleinen Platz. Eine Darstellung der Fassade findet sich im Zeichnungsbuch von Canaletto. Von der Ausstattung der Kirche, den neun reich gestalteten, bei Sansovino beschriebenen Altären, den wertvollen Gemälden ebenso wie von den goldenen Einrichtungsgegenständen, die 1670 als Schenkung des Priesters Alvise Gritti ins Kloster gelangten, verblieb eine einzige Säule mit einem fein dekorierten Kapitell, die in die Mauer der Giardini Papadopoli an der Piazzale Roma eingefügt wurde. Das Fundstück gehörte zu den wertvollen Säulen aus griechischem Marmor, die die Grabmonumente des Dogen Domenico Morosini und des Orio Mastropiero schmückten und mit den sogenannten »Pilastri d'Acri« vor der Südfront von San Marco 1256 aus dem Orient nach Venedig gebracht worden waren.

Über den Blendbögen des in Ziegel errichteten Glockenturms öffnet sich die Glockenkammer in Drillingsarkaden und wird durch ein Pyramidendach gedeckt. In der Ansicht von de' Barbari ist der Campanile an die Apsis angefügt. Anfang des 20. Jahrhunderts wurde der Turm abgetragen.

San Daniel

San Daniele Profeta
Castello
zerstört

Im Jahre 820 gründete die Familie Bragadin auf der Insel von San Daniele eine Kirche, die Giovanni Polani, Bischof von Castello, 1138 mitsamt ihren Erträgen Manfredo überließ, einem Zisterzienser aus San Benigno di Fruttaria im Piemont, um dort ein Kloster zu errichten. Eine mit dem Datum der Schenkung versehene Gedenkplatte befindet sich in den heute verbliebenen Gebäuden des ehemaligen Konvents. 1204 vermachte die Familie Zorzi Prior Giovanni das Kloster der Psicosostra in Byzanz. Dorthin reiste der Prior, um aus dem Thethocos-Kloster die Gebeine des hl. Märtyrers Johannes Evangelista zu entwenden, die heute in der Cappella della Croce in San Pietro aufbewahrt werden. Ein weiterer, gleichfalls in den ehemaligen Konventsgebäuden befindlicher Gedenkstein verweist auf die Weihe einer neuen Kirche im Jahre 1219 durch Ugolino da Velletri, Bischof von Ostia, den Patriarchen von Grado, Angelo Barozzi, und fünf weitere Bischöfe. 1437 siedelte Lorenzo Giustiniani im Konvent von San Daniel die Augustinerinnen von Sant'Andrea de Zirada an, die den Gebäuden die Gestalt verliehen, wie sie auf de' Barbaris Stadtansicht erscheint. Die aus den besten Familien stammenden Nonnen empfingen jedes Jahr den Dogen, der ihnen auf dem Weg nach Santa Maria delle Vergini einen Besuch abstattete. Die dreischiffige Basilika mit drei rechteckigen Apsiden war mit zwölf Säulen aus rotem Veroneser Marmor errichtet und mit neun Altären ausgestattet.

1806 wurde die Klosteranlage in eine französische, 1815 in eine österreichische Kaserne umgewandelt, bis sich 1839, nachdem Kirche und Campanile abgetragen worden waren, das Kollegium der Königlich-Kaiserlichen Marine dort niederließ. Die erhaltenen Bauten dienen noch heute als Kaserne, wobei die ursprüngliche Anordnung der Gebäude beibehalten wurde – diesen Schluß läßt die von Giovanni Casoni vor 1839 vorgenommene Aufmessung zu. Die entsprechenden Zeichnungen befinden sich im Museo Correr. In den Kreuzgängen blieben vorgeblendete Zwillingsarkaden, Tondi und Brunnen erhalten. Als weiteres Fragment wurde ein Relief mit der Darstellung von Daniel in der Löwengrube in die Ca' Bragadin eingefügt, den in der Barbaria de le Tole mit der Nummer 648 versehenen Palazzo, und im Offizierskasino findet sich in einer Ädikula das Bildnis des Heiligen mit Spuren einer polychromen Fassung, das 1469 wahrscheinlich von Vettore Gambello gefertigt wurde. Außerdem gelangten zwei Heiligentafeln von Alvise Vivarini sowie ein von Pietro da Cortona stammendes Gemälde mit der Darstellung von Daniel in der Löwengrube in die Gallerie dell'Accademia.

Der Campanile besteht im Plan von de' Barbari aus einem durch Blendarkaden gegliederten Ziegelkörper. Er trägt eine durch Biforien geöffnete Glockenkammer und eine konische Spitze. 1839 wurde er zerstört. Einer Erzählung Corners zufolge hatte sich die wie eine Heilige verehrte Suor Maria Arcangeli Salvatori (1460 - 1521) in das Innere des Campanile zurückgezogen, um dort bei Wasser und Brot lebenslänglich zu fasten.

San Domenico

Castello
zerstört

Kloster und Kirche von San Domenico di Castello wurden im Jahre 1312 von dem Dogen Marino Zorzi, genannt il Santo, gegründet und entstanden einstmals dort, wo sich heute die Gatter der Giardini Pubblici (Öffentliche Gärten) und das Garibaldi-Denkmal befinden. Bis 1391 war die Sakralanlage den Dominikanern von Santi Giovanni e Paolo zugeordnet. In den Jahren 1506 und 1536

wurden die Gebäude instand gesetzt und nach dem Brand des Arsenals von 1569 durch Abt Angelo Avogadro im Jahre 1586 neu erbaut. 1609 fand die festliche Weihe statt. Bis zu seiner Verlegung zur Frari-Kirche im Jahre 1560 war in dem Kloster das Gericht der Heiligen Inquisition untergebracht. Jedes Jahr am 29. April wurden die indizierten Bücher verbrannt, und ihre Asche wurde in den Kanal gestreut, über dem heute die Via Garibaldi verläuft. Am 12. August 1668 ist Pierfrancesco Orsini, der spätere Papst Benedikt XIII., in Orden und Kloster eingetreten.

In der Sakristei, die auch ein Bildnis des Papstes barg, waren die Dogen Gerolamo und Lorenzo Priuli bestattet. Ihre Grabmonumente wurden später nach San Salvador überführt. In San Domenico ruhten die Gebeine der Literatin Cassandra Fedele ebenso wie die sterblichen Überreste des Priors Fra' Tommaso Coffarini aus Siena, einem Schüler der hl. Katharina, der 1422 im Ruf der Heiligkeit verstarb. Zudem genossen die Reliquien des 1493 gestorbenen seligen Agostino da Biella sowie jene des seligen Nicolò da Ravenna hohe Verehrung. Die wertvollste Reliquie war ein Splitter des Heiligen Kreuzes, der aus der Kirche San Giorgio di Famagosta aus Zypern stammte und dem Konvent 1580 von Domenico Nicolai vermacht worden war.

1807 wurden Kirche, Konvent und Glockenturm der österreichischen Marine überlassen. Folgt man der Ansicht von Jacopo de' Barbari, stand der Campanile nördlich von der Kirche. Sein Baukörper war durch Rundbogenblenden gegliedert; er trug eine Klangarkade mit Biforien, die eine von einer Balustrade umfangene polygonale Spitze überragte. Bald nach 1807 wurden die Bauten abgerissen, um die Gärten anzulegen.

Sant'Elena

> **82**, 113, 140, 205

Sant'Eufemia

> 59, 189, **210**

San Fantin

San Marco
zerstört

Wie Corner mitteilt, wurde die erste Kirche mit den Mitteln der Familien Barozzi, Aldicina und Equiliae errichtet. Einen neuen Sakralbau ermöglichte eine Stiftung der Familie Pisani, die dort ein aus dem Orient stammendes Gemälde mit der Jungfrau aufstellte. Dank seiner wundertätigen Wirkung wurde die Kirche Santa Maria delle Grazie di San Fantino genannt, wie sich aus den Dokumenten von 1499 ersehen läßt. Der dritte, im 15. Jahrhundert neu gestaltete Sakralbau war dreischiffig, und in dieser Form stellte Jacopo de' Barbari ihn dar. Die Fassade beschrieb Sabellico mit folgenden Worten: »frons aedis nitida, candidoque saxo nuper instaurata« (die glatte Front des Gebäudes, und in blendendweißem Stein unlängst erneuert).

Die heutige Kirche im Stil der Spätrenaissance wurde 1507 dank des 1501 verstorbenen Kardinals Giovan Battista Zeno begonnen und geht auf einen vermutlich von Scarpagnino stammenden Entwurf zurück. Scarpagnino starb 1549, so daß das Bauwerk von einem anderen Baumeister fortgeführt werden mußte. Die Kirche wurde 1564 von Jacopo Sansovino mit Unterstützung von Alessandro Vittoria fertiggestellt. Ihm verdanken wir das Presbyterium mit vier eingestellten Säulen korinthischer Ordnung in einer einfachen Gestaltung, aber aus wertvollen Materialien, sowie die Apsis, die 1931 wieder in ihrer ursprünglichen Form freigelegt wurde.

Die Kirche San Fantin beherbergt die dem Friedhof von Santa Priscilla entnommenen Gebeine der Märtyrerin Marcellina, einen Armknochen des hl. Märtyrers Trifone und zwei Ringe der Kette, mit der der Titelheilige im Kerker festgehalten wurde. Darüber hinaus wurde in San Fantin der hl. Lorenzo Giustiniani, der erste Bischof von Venedig, getauft. Bis 1810 war San Fantin eigenständige *parrocchia*, danach wurde sie Filialkirche von Santa Maria Zobenigo und noch später von San Moisè.

Der bei de' Barbari gezeigte Campanile erhob sich an der rechten Seite der Kirche. Der glatte Baukörper wurde von einem Glockengeschoß mit Zwillingsarkaden und von einer konischen Spitze überragt. Nach seiner Zerstörung ersetzte man ihn durch einen Glockengiebel, der direkt auf dem Dach errichtet wurde. Die Kirchen San Fantin und San Giorgio dei Greci sind die beiden einzigen Kirchen Venedigs, deren Außenbau vollständig mit Platten aus istrischem Kalkstein verkleidet ist.

San Felice

Cannaregio
Höhe: 22 m
handbetriebene Glocken

Corner zufolge geht die Gründung der Kirche San Felice auf eine Stiftung der Familie Gallina im Jahr 960 zurück. Sie ist dem hl. Märtyrer Felix von Nola gewidmet. Nach der Erneuerung des Kirchenbaus wurde er am 11. Juli 1267 von den Bischöfen Leonardo di Cesolo und Fra Martino di Caorle geweiht. Als die Anlage einzustürzen drohte, konnte sie in der ersten Hälfte des 16. Jahrhunderts mit Hilfe der testamentarisch verfügten Hinterlassenschaften von Pfarrer Giovanni da Monte vom 21. März 1531 und von Francesco Soranzo vom 9. Juli 1552 wiederaufgebaut werden. 1555 wurde der Altar der

Scuola del Santissimo aufgestellt, und die Kirche erhielt 1624 noch einmal eine feierliche Weihe durch Giovanni Tiepolo, den Patriarchen von Venedig.

Auch wenn es keine Belege dafür gibt, so läßt sich die Architektur der Kirche anhand ihrer stilistischen Merkmale dem Kreis um Mauro Codussi zuordnen, zumal die Bauweise an die zeitgleich entstandenen Kirchen von Santa Maria Mater Domini und San Giovanni di Rialto erinnert, die von San Giovanni Grisostomo und Santa Maria Formosa inspiriert worden waren. All diese Kirche sind – von der frühchristlich-byzantinischen Architektur beeinflußt – als Zentralbauten angelegt, bleiben allerdings in der Raumauffassung und der Ausschmückung der Renaissance verhaftet. Über der Tür zur Sakristei erinnert eine Gedenkplatte daran, daß Papst Klemens XIII., Carlo Rezzonico, in San Felice

am 29. März 1693 getauft wurde. Nach seiner Wahl zum Papst schenkte er seiner Kirchengemeinde einen Hostienkelch und eine Monstranz, die mit einer Diamantenkrone geschmückt war, und räumte den Priestern das Recht ein, sich Monsignore zu nennen. Eine der kostbarsten dort verwahrten Reliquien ist ein kleiner, mit dem allerwertvollsten Blut getränkter Erdklumpen, hinzu kamen die Gebeine des hl. Märtyrers Trifone und jene des Titelheiligen.

In de' Barbaris Vedute ist die einschiffige Kirche gen Westen gerichtet. Der freistehende Campanile mit einem lisenengegliederten Backsteinkörper trägt eine durch Biforien geöffnete Glockenkammer und ein Pyramidendach. Bis auf die Gaupe stimmt die Gestalt des heutigen, zwischen den Häusern verborgenen Turms mit jenem de' Barbaris überein.

Santa Fosca

Cannaregio
Höhe: 31 m
handbetriebene Glocken

> 65, 106, 127, 138, 194

Der Überlieferung zufolge entstand die Kirche 873 auf Betreiben des Bischofs von Olivolo, Crasso Fazio. Wahrscheinlicher ist indessen, daß es sich um eine Gründung des 10. Jahrhunderts handelt, als der Leichnam der hl. Fosca aus Sabatra nach Torcello überführt wurde. Der Bau wurde 1297 instand gesetzt und 1679 neu errichtet. Nach der Neugestaltung der Fassade von Filippo Donà im Jahr 1733 wurde die Kirche von Girolamo Fonda, Bischof von Nonense, geweiht. Eine Steinplatte trägt die Gedenkschrift »Ad majorem Dei gloriam MDCCXLI«, womit an den 24. Juni 1741 erinnert wird, als nach der Messe die Decke einstürzte, ohne jemanden zu verletzen. 1810 wurde die *chiesa parrocchiale* der Gemeinde von San Marcuola zugeordnet. 1847 mußte das Gebäude erneut restauriert werden.

Wahrscheinlich wurde der von der Kirche abgerückte Glockenturm 873 erbaut und 1297 erneuert. Am Festtag des hl. Laurentius im Jahr 1410, während eines Unwetters, das in der Stadt einen Schaden von 60.000 Dukaten anrichtete, stürzte der Campanile ein und wurde 1450 in seiner heutigen Form wiederaufgebaut. 1863 konnten aufgrund der Instabilität der Klangarkade die Glocken nicht mehr geläutet werden, woraufhin die Glockenkammer zwischen 1887 und 1903 erneuert wurde.

In seiner heutigen Form ruht der Campanile wie in der Darstellung von de' Barberi auf einem Sockel aus istrischem Stein. Der Baukörper aus Backstein ist durch doppelte Blendfelder strukturiert, die jeweils in kleinen gestelzten Zwillingsbögen auslaufen, wobei sie in der Mitte auf weißen Konsolsteinen aufsitzen. Die Glockenstube öffnet sich in Zwillingsarkaden aus istrischem Stein, deren Abschluß Kleeblattbögen bilden. Die mit Bleiplatten bedeckte Kuppel wird von vier gotischen Fialen eingefaßt und ist von einer Laterne bekrönt.

San Francesco della Vigna

> 8, 16, 46, 75, 106, **108**, 133, 140, 203, 209

Frari

> 42, 103, 151, **184**, 212

San Geminiano

San Marco
zerstört

Im Jahre 554 ließ Narses, der siegreiche Feldherr gegen die Goten, sowohl die Pfarrkirche San Geminiano am Canal Batario, als auch die gegenüberliegende Kirche von San Teodoro, die spätere Dogenkapelle, errichten. San Geminiano brannte 1105 völlig nieder, und nachdem der Canal zugeschüttet worden war, um die Piazza zu vergrößern, entstand an der Stelle ein neuer Sakralbau, an der sich heute die Ala Napoleonica, der Napoleonische Flügel, erhebt. Der Doge, die Signoria und die Botschafter begaben sich am ersten Sonntag nach Ostern nach San Geminiano zu dem Stein, der den Standort des Vorgängerbaus bezeichnete. Tommaso Rangone finanzierte 1552 die Gestaltung des Innenraums und der Fassade, mit deren Ausführung er Jacopo Sansovino beauftragte, machte jedoch zur Bedingung,

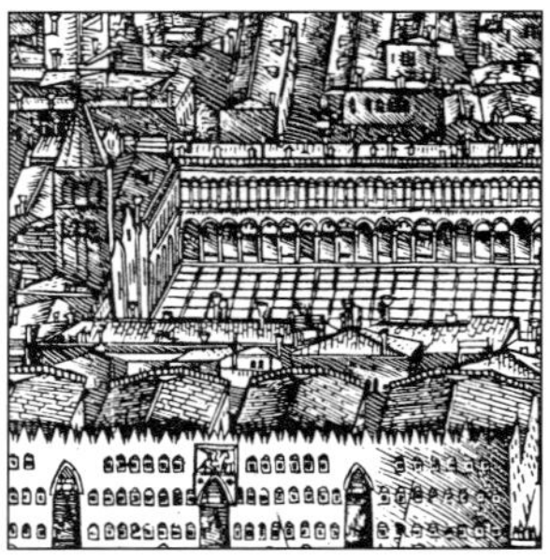

daß an der Schauseite sein Bildnis und das des hl. Julian angebracht würden. 1558 bemalte Paolo Veronese die Flügel der neuen Orgel, die sich heute in der Galleria Estense in Modena befinden.

In San Geminiano waren die Kapellmeister von San Marco, der 1562 gestorbene Villart und Zurlino, der 1590 verstorben war, bestattet. Dort befand sich auch die Grablege von Jacopo Sansovino und seinen Kindern Fiorenza und Francesco. Antonio Vivaldi zelebrierte in der Kirche die Messe. Francesco Sansovino beschrieb den Sakralbau folgendermaßen: »Quantunque piccola San Geminiano era forse la più ornata di qual si voglia altra nella città, perciò ch'essendo ornata di dentro e di fuori incrostata di marmi e di pietra Istriana, è ricchissima e ben intesa per struttura«. (Wie klein San Geminiano auch gewesen sein mag, sie war vielleicht von allen Kirchen der Stadt die am reichsten ausgestattete, da sie innen verziert, außen mit Marmor und istrischem Stein inkrustiert war und von abwechslungsreichem Aufbau und klarer Struktur zeugte.)

1807 wurde das Gebäude von den Franzosen als Truppenquartier genutzt, bis es am 19. Mai desselben Jahres abgerissen wurde, um dem Königlichen Palast nach dem Entwurf des Architekten Giovanni Antolini zu weichen. Dieser Neubau zerstörte die Proportionen der Piazza. Glücklicherweise gelang es, den Altar von Cristoforo del Legname und die Statuen von Bartolomeo Bergamasco – sie befinden sich heute in San Giovanni del Tempio – zu retten. Die Büste von Rangone wurde in das Ateneo Veneto verbracht, die Skulpturen von Alessandro Vittoria in die Ca' d'Oro transportiert, während die Gebeine aus den Gräbern, einschließlich des Horns eines Ziegenbocks, nach Sant'Ariano überführt wurden.

In de' Barbaris Venedigansicht erweist sich der Glockenturm als imposante Erscheinung: Der Ziegelbaukörper ist durch Blendfelder gegliedert. Darüber erhebt sich eine mit Biforien ausgestattete Glockenstube sowie eine polygonale Spitze. Der Campanile wurde 1505 abgetragen, um die neue Kirche von Sansovino errichten zu können. Sansovinos Bauwerk war von zwei kleinen Türmen flankiert, die als Glockentürme dienten. Antonio Cicognara zeigte sich von ihnen jedoch wenig begeistert.

San Geremia

> 65, 105, 111, 127, 191, **200**

Gesuati

Santa Maria del Rosario
Dorsoduro
Höhe: 21 m
mechanisch betriebene Glocken

> 60, 91, 188, 215, 219/220

Nachdem sie 1392 von Siena nach Venedig gelangt waren, ließen sich einige Geistliche aus dem Orden des Seligen Giovanni Colombino dank des Vermächtnisses von Pietro Sassi an den Zattere in der Casa della compagnia dei poveri Gesuati, im Haus der Bruderschaft der armen Gesuati, nieder. 1423 wurden mit den Spenden der Gläubigen und den Schenkungen von Francesco Gonzaga, Herzog von Mantua, ein Kreuzgang und ein dem hl. Hieronymus geweihtes Oratorium errichtet. Nachdem die Gesuati unmoralischer Sitten bezichtigt worden waren, sprach Papst Eugen IV. sie im Jahre 1436 von diesen Vorwürfen frei. Der Ruf ihrer Heiligkeit reichte so weit, daß Nicolò Marcello den Wunsch äußerte, von zwei ihrer Ordensbrüder die Dogenwürde zu empfangen. Daraufhin konnte dank der Stiftungen des Dogen der Patriarch Tommaso Donato 1493 den Grundstein für eine würdigere Kirche legen, die am 31. Dezember 1524 unter dem Titel Santa Maria della Visitazione geweiht wurde. 1668 wurde der Orden der Gesuati aufgelöst, und es folgten die Dominikanerobservanten des seligen Giacomo Salomone, die 1726 den Grundstein für einen weiteren Sakralbau – neben der Kirche der Gesuati – setzten. Dieser war 1743 vollendet und trug den Namen Santa Maria del Rosario. Der Entwurf stammte von Giorgio Massari, dem auch der Glockenturm zu verdanken ist. Dieser ist in das Kirchenschiff integriert, das zum heute zugeschütteten Canale di Sant'Agnese hin ausgerichtet war. Er hat eine Entsprechung in einem zweiten Türmchen auf der anderen Seite der Kirche. Auch der Konvent wurde erneuert, dem Apostolo Zeno seine reiche Bibliothek stiftete. 1815 wurden die Klostergebäude zu einem Waisenhaus für Jungen umgewandelt, das der Orden der Somaschi leitete, und die Kirche wurde zur Pfarrkirche erhoben. Den Namen Gesuati behielt sie bei, und in den Kirchensprengel gingen die aufgegebenen Pfarreien San Vito, Sant'Agnese, San Gregorio und ein Teil der Pfarrei von San Trovaso ein. Der in den Kirchenbau eingefügte Glockenturm ist verputzt und an den Ecken verstärkt. Diese stützende Funktion übernehmen im Klanggeschoß Pilasterbündel, die zu allen Seiten die große, rundbogige Öffnung der Glockenkammer rahmen. Auf der Klangarkade liegt ein vorkragendes Gesims auf, überragt von einem oktogonalen Tambour. Dieser trägt eine barocke, aus acht bleigedeckten Zwickeln zusammengesetzten Zwiebelkuppel.

Gesuiti

> 71, **122**, 139, 222

San Giacometto

San Giacomo di Rialto
San Polo
zerstört

Die Kirche von San Giacometto ist der volkstümlichen Überlieferung zufolge die älteste Gründung Venedigs. Das Gebäude wurde aufgrund eines von dem Zimmermann Candioto abgelegten Gelübdes im fünften Jahrhundert errichtet. San Giacometto war am Gründonnerstag eines jeden Jahres Ziel des Dogen, um Papst Alexanders III. zu gedenken, der dem Kirchlein 1177 Ablaßzahlungen überlassen hatte. Im 11. oder 12. Jahrhundert entstand im Herzen des seit 1097 bestehenden Marktes am Rialto ein neuer Sakralbau, der den Händlern als Kirche dienen sollte. Ihnen zu Ehren wurden zwei Inschriften – eine an der Fassade, die andere an der Apsis – angebracht. In den Jahren 1513 und 1601 hob man den Fußboden an, um die immer wiederkehrenden Überschwemmungen zu verhindern. Ab 1810 wurde die Kirche unter der Jurisdiktion der *parrocchia* von San Silvestro als Sakramentsoratorium genutzt.

Der von Jacopo de' Barbari gezeigte, am Boden ansetzende Campanile ist nicht sehr hoch, besteht aus Backsteinen und trägt eine sehr steile, bleiverkleidete polygonale Spitze. Nach seiner Zerstörung im 17. Jahrhundert wurde über der Kirchenfassade ein Glockengiebel errichtet.

San Giacomo

Giudecca
zerstört

Die Mutterkirche hatte der Orden der Servi di Maria im Jahre 1330 in Cannaregio gegründet. Sansovino zufolge wurde der Orden 1338 von Marsilio da Carrara, dem Herrscher von Padua, mit einer Spende bedacht, um damit Santa Maria Novella auf der Giudecca zu erbauen. Diese der Jungfrau Maria gewidmete Kirche entstand dort, wo der Orden der Battuti di Santa Maria über ein dem hl. Jakob (San Giacomo) geweihtes Oratorium verfügte. Die Gewohnheit, die Ortsnamen beizubehalten, war derart tief verwurzelt, daß der 1371 als Pfarrei geweihte, unter der Gerichtshoheit des Dogen und der Signoria stehende Sakralbau der Servi di Maria von der alten Gründung den Titel San Giacomo erbte und selbst die Haltestelle des Vaporetto bis zum Jahr 1999 den Namen San Giacomo trug. Bis zur Erbauung der Kirche Il Redentore blieb die Anlage von San Giacomo die größte der Insel. Daß 1601 ein Neubau entstehen konnte, geht weniger auf die Stiftung von Prior Gabriele Dardano zurück als auf die Nachbarschaft mit den Kapuzinern. Nachdem der Kapuzinerorden verboten worden war, mußten die Mönche Venedig 1606 verlassen, wohingegen die Servi di Maria als Getreue der Republik bleiben durften. Aufgrund eines Erlasses von 1808 wurden Kirche und Glockenturm zerstört. Die Konventsgebäude dienten 1821 als Kaserne. Sechzehn Jahre später wurden dort unansehnliche Arbeiterhäuser errichtet.

In der Darstellung von Jacopo de' Barbari ist der Campanile sehr klein geraten. In der Ausgabe von 1799 von Sebastiano Giampiccoli, sieht man die stattliche, parallel zum Kanal angelegte Kirche, den Konvent sowie den ausgedehnten, von Lauben umfaßten und von einem Bretterzaun geschützten Garten. Der zum Kanal weisende Glockenturm ist nicht sehr hoch, durch Wandvorlagen gegliedert und trägt eine lange, polygonale Spitze. In einem Gemälde von Giuseppe Heinz dem Jüngeren besteht das Dach hingegen aus vier Flächen. In den Stichen von Gherro und im Forestiere Illuminato wiederum erscheint der Turm doppelt so hoch wie jener von Giampiccoli. Das gleiche gilt für die Darstellungen des Campanile in Canalettos Gemälde von Il Redentore (1730/31) und einen Druck von der Erlöserkirche, den Giovanni Battista Brustolon im Jahre 1736 angefertigt hat.

Der in allen genannten Bildern zu sehende Ziegelbau ist durch Blendfelder gegliedert. Er wird überragt von einer Glockenstube mit Zwillingsarkaden sowie einem achteckigen Tambour, der von einer bleigedeckten Kuppel geschlossen wird. Die abgeflachte Kuppel wird bekrönt von einer Kugel, die eine Statue trägt. Es scheint, als habe Giampiccoli die Druckplatten von Matteo Merian aus dem Jahr 1635 wiederverwendet. Im vierten Zustand des Drucks von 1813 ist der Campanile verschwunden.

San Giacomo dell'Orio

> 64, 105, **166**, 192

San Giobbe

Cannaregio
Höhe: 46 m
elektromechanisch betriebene Glocken
> 64, 128

1378 stiftete Giovanni Contarini in Cannaregio ein Hospiz und ein dem hl. Hiob geweihtes Oratorium. 1390 erhielt er von Papst Bonifaz IX. die Erlaubnis, dort Gottesdienste zu feiern. Nach seinem Tod versammelte seine Tochter Lucia im Hospiz zunächst einige Eremiten des hl. Hieronymus, an deren Stelle später Minoritenobservanten traten. 1434 ging das Gebäude in deren Besitz über. Als das Oratorium zu klein wurde, erhielt Lucia mit einer Sentenz aus Rom 1441 die Erlaubnis, einen neuen Kirchenbau zu errichten, ohne das alte Gebetshaus abzureißen. Der Bau der neuen Sakralanlage, die 1493 geweiht wurde, oblag Antonio Gambello und später Pietro Lombardo. Der Doge Cristoforo Moro lernte in San Giobbe den hl. Bernhard von Siena kennen und ließ ihm zu Ehren 1450 eine groß-

artige Kapelle ausstatten. 1471 wurde der Doge mit seiner Gattin Cristina Sanuto im Presbyterium bestattet. Bei ihrem Grabmal handelt es sich um ein herausragendes lombardisches Kunstwerk. Zudem hinterließ Moro ein Vermächtnis von 10.000 Dukaten und kirchliches Inventar in großer Zahl.

Die Kirche von San Giobbe war in Venedig das erste Gebäude, das sich frei von gotischen Anklängen im Stil der Renaissance zeigte. Am 14. April 1597 weihte Girolamo Righetti, Bischof von Caorle, den Sakralbau. Im Jahre 1810 fiel der Konvent der Zerstörung anheim, und das ganze Gelände einschließlich des Weingartens wurde 1812 in den botanischen Garten umgewandelt. Während der Instandsetzung der Kirche zwischen 1903 und 1905 kamen an der Seite des Kreuzgangs, von dem nur ein Flügel erhalten blieb, Spuren der ersten Kirche zutage, wie etwa die mit kleinen Bögen und Biforien ausgestattete Apsis. Nachdem San Giobbe zunächst Filialkirche von San Geremia gewesen war, wurde sie später zur Pfarrkirche erhoben.

Der zwischen 1451 und 1464 erbaute Glockenturm entspricht jenem von Jacopo de' Barbari abgebildeten, auch wenn er in den Jahren 1903 bis 1905 tiefgreifenden Erneuerungsarbeiten unterzogen werden mußte: Die Wandvorlagen wurden neu gefaßt, es galt, Zuganker am Baukörper anzulegen und die Ziegelfriese zu sanieren. Die letzte Restaurierungskampagne von 1982 betraf einzig die Glockenstube. Der Ziegelbaukörper ist mit Blendarkaden versehen, die am Boden beginnen und in kleinen Spitzbögen enden. Die Glockenkammer öffnet sich durch Spitzbögen aus istrischem Stein, in die Balustraden aus dem gleichen Material eingestellt sind. Das Pyramidendach ist ziegelgedeckt und wird von einem Fries mit kleinen gestelzten Bögen aus weißem Kalkstein getragen, die den großen, schweren Turm leichter erscheinen lassen.

San Giorgio dei Greci

Castello
Höhe: 44 m
handbetriebene Glocken

> 8, 29, 47, 72, 103, 119, 141, 205

Ende des 15. Jahrhunderts erhielten die Griechen die Erlaubnis, eine *scuola* (Bruderschaftsgebäude) und eine Kirche zu gründen, um die Messe nach orthodoxem Ritus feiern und ihren Landsleuten beistehen zu können, die in großer Zahl wegen der vorrückenden Türken nach Venedig flohen. Trotz des Friedens von Lodi im Jahre 1454 gelang es Venedig nicht, die christlichen Staaten, die eifersüchtig die Macht der Serenissima beobachteten, gegen die Bedrohung des Unglaubens zu vereinen.

War die Republik ansonsten stets aufmerksam, so hatte sie die Gefahr der osmanischen Türken nicht erkannt, die im 13. und 14. Jahrhundert an den Küsten der Ägäis angelandet waren. Als Venedig dessen gewahr wurde, war es bereits zu spät. Dank des Sieges der Mongolen von Tamerlan in Ancira im Jahre 1402 waren die Republik und die Christenheit zwar für eine Zeitlang sicher, doch blieben die sich neu formierenden Türken weiterhin eine Bedrohung. Trotz Venedigs glanzvollen Sieges bei Gallipoli im Jahre 1416 mußte die Republik Kompromisse eingehen. 1453 erschienen die Türken unter der Führung von Mohammmed II. am Bosporus und besetzten Byzanz. Venedig nahm einen drükkenden Frieden an, verlor die Kolonien und hatte hohe Ausgaben in Kauf nehmen müssen, um sich und die christliche Welt zu verteidigen.

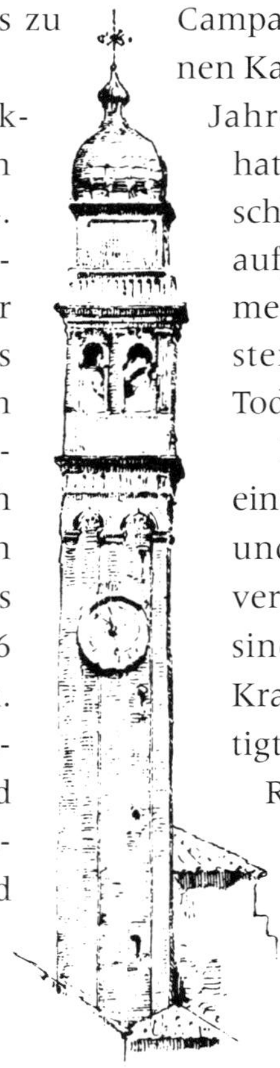

Mit dem Bau der Kirche San Giorgio dei Greci begannen die Griechen im Jahre 1553 nach den Plänen von Sante Lombardo. Ihm folgte 1558 der Lombarde Giannantonio Chiona, der das erste Bauvorhaben veränderte. Der 1561 geweihten Kirche wurde zehn Jahre später die einem Meister Andrea zugeschriebene Kuppel hinzugefügt. Der unter der Leitung von Simone Sorella durch Bernardino Ongarin zwischen 1587 und 1592 erbaute Campanile neigt sich in Richtung des *rio*, des kleinen Kanals, da die Fundamente nachgeben. Viele Jahre bevor die Klangarkade erbaut wurde, hatte Piero Crovato bereits ein Projekt vorgeschlagen, mit Hilfe dessen der Turm wiederaufgerichtet werden sollte. Dieses Unternehmen – es sollte 6.000 österreichische Lire kosten – wurde wegen Crovatos plötzlichem Tod am 22. Juni 1816 niemals verwirklicht.

Der Baukörper aus Backstein ruht auf einem Sockel aus istrischen Kalksteinblöcken und ist durch Lisenen gegliedert, die durch verzierte Rundbögen miteinander verbunden sind. Die Friese und das weit auskragende Kranzgesims sind aus istrischem Stein gefertigt, ebenso wie die kleinen Säulen, die die Rundbögen der Glockenkammer stützen. Eine Balustrade aus dem gleichen Material rahmt ein viereckiges Zwischengeschoß, das von einer bleiverkleideten, mit einer Laterne bekrönten Kuppelhaube geschlossen wird.

San Giorgio Maggiore

> 14, **56**, 92, 117, 142, 175

San Giovanni Battista

Giudecca
zerstört

Kloster und Kirche von San Giovanni Battista wurden 1333 von dem aus Lucca stammenden Händler Bonaccorso de Benedetti gestiftet. Die Gebäude waren für den Orden der Kamaldulenser des hl. Mattia di Murano vorgesehen und lagen am äußersten Ende der Giudecca gegenüber von San Giorgio Maggiore, wo sich das zur Verteidigung des Dogenpalasts und der Stadt bestimmte Kastell erhob. Die Klosteranlage war 1344 vollendet, 1369 wurde ein Hospiz für zwanzig Arme angefügt. Nachdem die Kirche für 24.000 Dukaten erneuert worden war, konnte der Bau im Jahre 1371 von Paolo Foscari, Bischof von Castello, geweiht werden. Der Sakralbau wurde im Laufe der Jahrhunderte in Teilen umgestaltet und verschönert. Neue Gemälde, wie etwa die Flügel der Orgel von Cima da Conegliano (1511), gelangten nach San Giovanni Battista. Bis 1810 wurde die Kirche zur Meßfeier genutzt, bevor sie im Jahre 1820 abgetragen wurde.

In der Stadtansicht von Jacopo de' Barbari erkennt man Türme, zahlreiche Wohnbauten, Kreuzgänge – der verbliebene wird heute als Sitz des Finanzamts genutzt – und weitläufige Weingärten, die in der Darstellung zur Lagune ausgerichtet sind und von einer Mauer sowie einem Laubengang geschützt werden. Heutzutage steht das Hotel Cipriani auf dem Grundstück. In diesen Gärten fand am 22. Januar 1738 ein Duell zwischen Emilio Arnaldi und G. Alvise Barzizza statt, bei dem Graf Vincenzo de Silva, Barzizzas Cousin, als Sekundant anwesend war. Während Arnaldi leicht verletzt freigesprochen wurde, belegte man die anderen beiden mit dem Bann der Republik Venedig.

Der Campanile – wie er im Holzschnitt von de' Barbari zu sehen ist – ähnelte jenem von San Giorgio Maggiore. Der Glockenturm war viereckig, mit einem Turmkörper aus Ziegel, der durch Wandvorlagen strukturiert war. Die Glockenkammer offenbarte Drillingsarkaden und wurde von einem kleinen achteckigen Tambour überragt, der eine hohe polygonale Spitze trug. Ein wenig von der Kirche abgerückt, wurde er von Gebäuden verdeckt. In dieser Form erschien der Glockenturm das letzte Mal in der von Sebastiano Giampiccoli stammenden Version der Vedute aus dem Jahr 1797; 1821 war er bereits zerstört.

San Giovanni Elemosinario

San Zuane de Rialto
San Polo
Höhe: 41 m
handbetriebene Glocken

> 65, 105, 158, 205, 214, 221

Die Gründung der dem hl. Johannes, dem Almosen spendenden Patriarch von Alexandria, geweihten Kirche, liegt im Dunkeln. Errichtet durch die Stiftung der Familie Trevisana, bestand der Sakralbau bereits im Jahr 1070 in der Regierungszeit des Dogen Domenico Selvo, als der Campanile das erste Mal einstürzte. Aus einem Dokument des »Index Librorum Consilii Rogatorum« wissen wir, daß am 13. September 1408 der »campanile S. Johannis Rivoalti stritur«. Bei dem Brand von 1515 wurde die Kirche zunächst zerstört, bald aber, zugleich mit dem Glockenturm, nach einem Entwurf von Antonio di Piero Abbondi, genannt Scarpagnino, neu erbaut. Eine in einen Pilaster gemeißelte Inschrift zum Gedenken an Pfarrer Nicola Martini liefert uns die Baudaten: 1529 bis 1539. Die Weihe erfolgte sehr viel später, nämlich am 28. September 1572, durch den Bischof von Dalmatien, Daniele Vocazio. Als Pfarrkirche unterstand San Giovanni direkt dem Dogen, der ihren Pfarrer, die drei Titularpriester, den Diakon und den Subdiakon auswählte: Sie alle, unterstützt von 28 Priestern und Klerikern, verliehen der Weihe einen würdigen Rahmen.

1808 wurde San Giovanni Elemosinario Filialkirche von San Silvestro. Heute ist sie trotz ihrer architektonischen Bedeutung und der Kunstwerke, die sie schmücken, geschlossen. Auch wenn die Kirche zwischen privaten Wohnhäusern eingezwängt war, legte Scarpagnino den Eingang von der *calle* aus als gewölbte Vorhalle an, die das um sechs Stufen erhöhte Portal schützte. Das Gebäude über dem Grundriß eines griechischen Kreuzes wird durch eine zentrale Kuppel geschlossen. Die Presbyteriumskapelle ist um fünf Stufen erhöht, so daß der Raum darunter wegen des Platzmangels als Sakristei genutzt werden konnte. Diesen Bereich erreichte man über eine kleine Treppe, die in die Altarmensa eingebaut war. Es scheint, als habe der Sakralbau Jacopo Sansovino für die Gestaltung von San Geminiano an der Piazza San Marco als Vorbild gedient. Diese kleine Kirche ist heute allerdings verschwunden, da sie dem Napoleonischen Flügel weichen mußte.

Der gegenwärtige Glockenturm ragt an der gleichen Stelle empor wie jener 1410 erbaute Campanile, der in de' Barbaris Venediganssicht dargestellt ist: Die Wandvorlagen des Turmkörpers enden in kleinen Kleeblattbögen und werden von einem fortlaufenden, aus Ziegel gestalteten Fries bekrönt. Die Glockenkammer ruht auf einem weit auskragenden Gesims und öffnet sich auf jeder Seite durch einen großen Spitzbogen, der jeweils von kleinen Pfeilern aus Ziegeln gestützt wird. Den Turmabschluß bildet eine Kuppel, die an maurische Dachformen erinnert. Sie ist mit Bleiplatten verkleidet und wird von vier kleinen Pinakeln an den Ecken gerahmt. Heute nimmt den Platz der Kuppel ein ziegelgedecktes Pyramidendach ein. In die Turmwände wurden ein Relief mit dem hl. Johannes, zwei Evangelistensymbole und das von einem Schmuckband gerahmte Wappen der Familie der Steno von 1410 eingelassen. Bis zum Jahr 1848 schlug von Anfang Oktober bis zum Mittwoch vor Ostern jeden Abend und immer zur gleichen Zeit eine Glocke, die den Namen »Realtina« trug.

San Giovanni Evangelista

San Polo
Höhe: 30 m
handbetriebene Glocken

> 191

Sansovino zufolge stiftete die Familie Partecipazio, später Familie Badoer, bereits 790 die Kirche San Giovanni Evangelista, während Tassini das Jahr 970 als Gründungsjahr angibt. Marco Badoer stellte dem Priorat sein Grundstück zur Verfügung, wofür er dauerhafte Bezüge erhielt. Das gotische Bauwerk aus dem 15. Jahrhundert, dessen Fassade ein typischer Portikus vorangestellt war, orientierte sich ursprünglich in eine andere Himmelsrichtung. Erhalten geblieben sind das Presbyterium und die kreuzgewölbte Apsis, die durch verschiedentliche Umbauten seit dem Ende des 16. Jahrhunderts stark verändert wurden. Dafür waren unter anderem zunächst der Proto Simone Sorella und 1759 Bernardino Maccaruzzi verantwortlich. Weitere Baumaßnahmen folgten um die Mitte des 19. Jahrhunderts.

Neben der Sakristei besteht noch heute die Cappella di San Carlo, die wegen der darin verwahrten Kreuzreliquie vormals Kreuzkapelle genannt wurde. Das Reliquiar mit dem Kreuzsplitter, das sich heute in der *scuola*, dem Bruderschaftsgebäude, befindet, stellt als religiöses Objekt wie auch als Kunstwerk einen ausgesprochen wertvollen Gegenstand dar. Der aus Bergkristall gefertigte Behälter wird von einer Fassung aus ziseliertem, vergoldetem Silber in gotischer Machart gehalten. Filippo de Mezières, Großkanzler des Königreichs Zypern, hatte die Reliquie 1349 der Scuola Grande di San Giovanni Evangelista geschenkt, als Andrea Vendramino in der Funktion des *guardian grande* die Bruderschaft leitete. Der berühmte Gemäldezyklus, in dem die Wundertätigkeit des Kreuzsplitters glanzvoll geschildert wird, befindet sich heute in den Gallerie dell'Accademia. Als Erinnerung an zwei wunderbare Vorkommnisse, die durch einen Erlaß des Consiglio dei Dieci, des Rats der Zehn, anerkannt worden waren, wurde das Kreuz jedes Jahr in einer Prozession in die Kirchen San Lio und San Lorenzo getragen, wo sich die Mysterien ereignet hatten. Indes vollzog sich ein noch größeres Wunder vor nicht allzu langer Zeit. Als das Reliquiar 1810 wie viele andere wertvolle Kultgegenstände in die *zecca*, die Münze, gebracht wurde, um dort eingeschmolzen zu werden, war das Kunstwerk heruntergefallen. Ein Angestellter versetzte der Monstranz einen Fußtritt, bevor ein gläubiger Bürger das Reliquiar auslösen und in die Kirche zurückbringen konnte. An dem frevelhaften Bein dieses Angestellten bildete sich ein Wundbrand, so daß er unter grauenhaften Schmerzen starb.

Der Glockenturm aus Backstein ist mit Wandvorlagen dekoriert, stützt ein Klanggeschoß mit zwei Bogenöffnungen und wird von einem achteckigen Tambour überragt, den eine bleigedeckte Zwiebelkuppel bekrönt.

San Giovanni Grisostomo

San Giovanni Crisostomo
Cannaregio
Höhe: 21 m
handbetriebene Glocken

> 66, 142, 146, 219

Die erste, dem hl. Johannes Chrysostomus gewidmete, von der Familie Cattaneo 1080 gestiftete Kirche erhob sich gegenüber von dem heutigen Kirchenbau auf der anderen Seite der *calle*, an einer Stelle, an der sich inzwischen Häuser und Geschäfte befinden. Hierhin begab sich der Klerus am Allerseelentag eines jeden Jahres, um die Fußböden dieser Gebäude zu segnen, unter denen vielleicht noch in unseren Tagen die Gebeine der hier Bestatteten ruhen.

Im Jahre 1475 wurde die Kirche, die sich ohnehin in einem schlechten Zustand befand, bei einem Brand weiter beschädigt. Ein Erlaß des Senats vom 29. Januar 1488 ordnete an, daß der Sakralbau niederzureissen und gegenüber ein neuer zu errichten sei. Dank des Pfarrers Lodovico Talenti begannen die Arbeiten an der nach dem Entwurf von Mauro Codussi errichteten Kirchen 1497. Im Jahre 1504 war das letzte Werk dieses Baumeisters in Venedig vollendet.

Das aus Backstein errichtete Gebäude ist verputzt und zeigt eine dreiachsige Fassade, die von unterschiedlich großen Segmentgiebeln überfangen wird. Der Grundriß hat die Form eines griechischen Kreuzes; über der Vierung erhebt sich eine Kuppel. Die Gliederung des Innenraums zeichnet sich durch die klaren Beziehungen der einzelnen Bauelemente untereinander und zum Ganzen aus und betont den Reichtum der Kapellen und der Kunstwerke, die das Kircheninnere schmücken. Unter den zahlreichen, von Sansovino geschilderten wertvollen Reliquien verdienen der Arm des hl. Johannes Chrysostomus, drei Glieder des hl. Apostel Andreas, ein Stück von einer Rippe Johannes des Täufers und ein Knochen seiner Mutter Elisabeth sowie einige Knochen der Heiligen Drei Könige besondere Erwähnung. Von den in San Giovanni Grisostomo tätigen Priestern lassen sich Alerone Ricardi, der 1291 von Papst Nikolaus IV. zum Bischof von Torcello gewählt wurde und 1303 verstorben ist, ebenso wie Jacopo Ciera, Kanzler des Dogen und später Bischof von Corone in Morea (Koron auf der Peloponnes), anführen. Letzterer verschied 1433 in Venedig.

Der erste Campanile geht dem ursprünglichen Kirchenbau entsprechend auf das Jahr 1080 zurück. In der Darstellung von de' Barbari zeigt er folgende Erscheinung: Freistehend ragt er auf der der Kirche gegenüberliegenden Seite der *calle* empor und besteht aus einem glatten Turmkörper, einer durch rundbogige Drillingsarkaden geöffneten Glockenkammer und einer zapfenförmigen, aus Ziegelsteinen aufgebauten Spitze, die am Sockel von vier kleinen Pinakeln geschmückt wird. Diesen Glockenturm ließ der Senat 1531 einreißen, um die an dieser Stelle zu enge Gasse verbreitern zu können. Der gegenwärtige, zwischen 1531 und 1590 entstandene Campanile erhebt sich neben dem Kirchenbau. Der Backsteinkörper ist verputzt, mit geometrischen Motiven verziert und wird von verdoppelten Wandvorlagen akzentuiert. Als Lisenen setzen sie direkt am Erdboden an und werden hinter einem Gesims aus istrischem Kalkstein als mit weißen Steinkapitellen geschmückte Pilaster bis zum auskragenden Kranzgesims weitergeführt, auf dem die Klangarkade ruht. Die Glockenkammer ist durch Zwillingsarkaden geöffnet, die von Pilastern mit Kapitellen aus istrischem Stein gerahmt werden. Das Pyramidendach ist ziegelgedeckt.

San Giovanni in Bragora

San Giovanni Battista
Castello
zerstört

Die Pfarrkirche San Giovanni in Bragora wurde im siebten Jahrhundert von dem hl. Magnus gegründet. Im Jahre 827 mußte der Sakralbau von Giovanni Talonico instand gesetzt werden. Einem 1178 errichteten Neubau wurde erst 1475 die Fassade vorgesetzt, die in der Unterteilung in drei Abschnitte die dreischiffige Anlage des Innenraums widerspiegelt. Zugleich zeichnet sich die Schauseite durch ein Motiv der venezianischen Gotik aus, das Mauro Codussi für seine Kirchenbauten in San Michele in Isola und San Zaccaria inspirierte: die Kombination verschieden großer Segment- und Viertelkreisgiebel, die die Fassade bekrönen. Der Sakralbau wurde 1728 einer Renovierung unterzogen. Der Name der Kirchengründung Bragora gab Anlaß zu einer Reihe von Interpretationen, von denen die folgenden am glaubwürdigsten erscheinen: Der Beiname könnte entweder von dem griechischen *agorà* (Platz), von *brago* (Schmutz, Schlamm) oder auch von *gora* (Kanal mit stehendem Wasser) herrühren. In diesem Kirchensprengel, genauer in der Corte del Papa, wurde im Jahre 1417 Pietro Barbo geboren, der 1464 als Paul II. zum Papst gewählt wurde.

Der Glockenturm ragt in de' Barbaris Stadtansicht rechts neben der Fassade empor. Der am Boden ansetzende Turmkörper ist glatt und trägt eine bleiverkleidete Pyramidenspitze, die von vier Pinakeln umfangen wird. Im Jahre 1728 wurde der Campanile durch einen Glockengiebel ersetzt.

San Girolamo

Cannaregio
zerstört

Nachdem sie das Kloster Santa Maria degli Angeli auf Murano verlassen hatten, errichteten einige Augustinerinnen außerhalb von Treviso einen Konvent. Aus diesem mußten sie vor dem Vorstoß Ludwigs von Ungarn fliehen und suchten in Venedig Schutz. Dort gründeten sie im Jahre 1425 am äußersten in Richtung der nördlichen Lagune weisenden Ende von Cannaregio ein weiteres Kloster. Am 29. September 1705 zerstörte ein Brand Kirche und Konvent. Ein nach dem Entwurf von Domenico Rossi neu errichteter Sakralbau wurde am 15. Juni 1751 geweiht. Nach der Auflösung des Klosters im Jahre 1806 ging seine reiche Ausstattung verloren. Zwischen 1840 und 1845 wurde das Kirchengebäude als dampfbetriebene Mühle genutzt. 1930 erwarben die Nonnen des Ordens der Dorotheen die Sakralanlage und erbauten eine neue Kirche, die vom Vorgängerbau losgelöst war und bald zur *chiesa parrocchiale* erhoben wurde.

Bei de' Barbari sind die Kirche und der an das Kirchenschiff angelehnte Glockenturm zu sehen. Dieser besteht aus einem Backsteinkörper mit Wandvorlagen und einer Glockenkammer, die auf jeder Seite eine Öffnung aufweist. Den Turmabschluß bildet ein Pyramidendach. Nach der Nutzung als Schornstein zwischen 1840 und 1845 wurde der Glockenturm abgetragen. Heute umgibt eine Mauer den Konvent und den üppigen Obstgarten.

Sant'Isepo

San Giuseppe
Castello
Höhe: 22 m
elektromechanisch betriebene Glocken

> 98, 114, 140, 205

Am 25. Juni 1512 ließ der Senat dem Volk zu Gefallen eine dem hl. Joseph gewidmete Kirche errichten und stattete die neue Gründung mit einem Anteil von 440 Dukaten aus den Steuereinnahmen aus. Zudem berief der Senat die Augustinerinnen von San Giuseppe aus Verona nach Venedig, um neben dem Sakralbau auch ein Kloster zu etablieren. Wegen der Staatsausgaben für den Krieg von Cambrai gingen die Bauarbeiten nur langsam voran. Um dem abzuhelfen, entstand 1530 eine fromme Bruderschaft, die Spenden sammelte, welche indes kaum ausreichten. Deshalb schenkte Papst Klemens VII. den Nonnen 1534 die Erträge der Pfarrei Santa Giuliana von Villa Conti in der

Diözese Vicenza, so daß die Anlage fertiggestellt werden konnte.

Die Kirche wurde schon bald zum Pantheon der Familie Grimani und beherbergte das großartige Grabmal des Dogen Marino Grimani und seiner Gattin Marina Morosini, der »gekrönten« *dogaressa*. Das Monument war zwischen 1595 und 1605 nach einem Entwurf von Vincenzo Scamozzi entstanden, wobei die Skulpturen von Bartolomeo Campagna ein Beispiel für den im späten 16. Jahrhundert vorherrschenden pompösen Geschmack geben. Die 1643 geweihte Hauptkapelle wurde mit den Mitteln von Girolamo Grimani bezahlt, ebenso wie das Relief mit der Darstellung der Anbetung der Könige

von Giulio del Moro über dem Portal der Fassade. Im Jahre 1801 nahmen die Salesianerinnen die Stelle der Augustinerinnen ein. Heute ist der Konvent der Sitz des Istituto Nautico Venier.

Der im 17. Jahrhundert errichtete Campanile besteht aus einem Baukörper aus Ziegelstein, den eine durch Zwillingsarkaden geöffnete Glockenkammer überragt. Die Rundbögen sind in istrischem Kalkstein gefaßt. Darüber erheben sich ein achteckiger, mit vier quadratischen Fenstern versehener Tambour und eine Turmspitze aus konvex geformten, bleigedeckten Flächen.

San Lazzaro dei Mendicanti

Cannaregio
keine Glocken
> 72, 140, 143, 203, 223

Im 13. Jahrhundert, als die aus Syrien nach Venedig heimkehrenden Schiffe Lepra verbreiteten, wurde das Problem der Ansteckungsgefahr virulent. Im Jahre 1224 brachte man die Kranken in einer Hofanlage nahe bei San Marcuola (seither San Lazzaro) unter, und 1262 wurde das Heim für Leprakranke auf die Insel von San Lazzaro verlegt. Im 16. Jahrhundert versorgte man hier Alte und Kranke. Dank der Kaufleute Gian Domenico Biava und Bartolomeo Bontempelli del Calice – letzterer spendete zu Lebzeiten 30.000 Dukaten und hinterließ bei seinem Tod weitere 100.000 Dukaten – konnte Vincenzo Scamozzi damit beauftragt werden, ein Hospiz auf dem an den Konvent von Santi Giovanni e Paolo angrenzenden Grundstück zu erbauen. Es handelte sich um zwei geräumige, symmetrisch angelegte Gebäude, die auf zwei große, von der Kirche separierte Kreuzgänge ausgerichtet waren. Der Sakralbau öffnete sich zu einem quadratischen Atrium, das die beiden Kreuzgänge verband. Die 1601 begonnenen Arbeiten waren 1636 beendet.

Die Darstellungen auf dem prächtigen Grabmonument mit zwei Schauseiten, von denen die eine zur Vorhalle hin weist, während die andere im Kircheninnenraum zu bewundern ist, feiern den Prokurator von San Marco, Alvise Mocenigo, den Verteidiger von Candia (Kreta), der 1654 in einer Schlacht fiel. Die monumentale Grablege ist wie die 1649 dank der Hinterlassenschaft des Kaufmanns Giacomo Galli vorgeblendete Fassade ein Werk von Giuseppe Sardi.

Im Konvent wurden junge Waisenmädchen aufgenommen, die Musik- und Gesangsunterricht erhielten, um die Gottesdienste begleiten zu können. Sie trugen berühmte Oratorien vor, etwa in der Kirche der Pietà, im Ospedaletto (Santa Maria dei Derelitti) und im Ospedale degli Incurabili. Sonntagmorgens füllten die Liebhaber des Belcanto und illustre Gäste aus dem Ausland die Kirche San Lazzaro dei Mendicanti, um der vom namhaften Chor der jungen Mädchen, dem *coro delle putte*, gesungenen Messe zu lauschen. Der Mädchenchor wurde von so berühmten Kapellmeistern wie Bertoni, Legrenzi, Martinelli, Monferrato, Partendo und Rovetta geleitet. Reiche Kaufleute und Adelige kamen für das Chorgestühl auf und spendeten große Summen. So kam den *putte* die bestmögliche Behandlung zu: Sie wurden in die Sommerfrische geschickt, und von 1731 an erhielten sie neben den 100 Dukaten Aussteuer eine Beteiligung an den Einnahmen des Klosters.

Der gleichzeitig mit der Kirche im Jahre 1601 auf der rechten Seite des Presbyteriums errichtete Campanile ist aus Ziegelsteinen erbaut. Ohne weitere Dekoration trägt er auf der nach Süden gerichteten Seite eine große Sonnenuhr. Unterhalb der Glockenstube mit einfachen quadratischen Öffnungen befinden sich große rechteckige Fenster. Das Pyramidendach ist ziegelgedeckt und weist eine Gaupe auf.

San Leonardo

Cannaregio
zerstört

Die 1025 von der Familie Crituazio errichtete Pfarrkirche San Leonardo wurde am 4. Mai 1343 von den Karmelitermönchen Marco und Morello sowie den Bischöfen Domoceno, Francesco und Urense geweiht. Dies läßt sich zumindest der in gotischen Buchstaben verfaßten Inschrift aus dem 14. Jahrhundert im Patriarchalseminar entnehmen. 1260 wurde dort die Scuola della Carità (Sitz der Bruderschaft der Barmherzigkeit) und damit die erste von Venedigs fünf, später sechs *scuole grandi* gegründet. Nachdem die Bruderschaft nach Dorsoduro umgezogen war, begaben sich die Mitbrüder jedes Jahr am 6. November, dem Festtag des hl. Leonhard, in einer Prozession zu der Kirche. Das Gebäude blieb bis 1794 erhalten, als Bernardino Maccaruzzi den Sakralbau erneuerte.

Nachdem die Kirche San Leonardo 1807 aufgelöst worden war, nutzte man sie als Kohlenlager und später als Probenraum für die Stadtkapelle. Heute dient die Anlage als Bürgerzentrum.

Giovanni Foscarini, Priester von San Leonardo, wurde in der Kirche am 26. Januar 1388 von einem Räuber ermordet. Einige Jahre später bezeugte der Gemeindepfarrer und staatliche Notar Biagio Catena zusammen mit den Notaren Maffeo de Fano und Giovanni Loredan, *primicerio* von San Marco, daß der Sodomit Clario Contarini Geistlicher sei, um ihn so der Bestrafung durch die Säkularmacht zu entziehen. Dem daraufhin wegen Meineids verurteilten Catena wurde die Priesterwürde entzogen, und durch eine Sentenz des Consiglio dei Dieci vom 15. September 1407 wurde er mit lebenslangem Exil bestraft. Als ihm der Vatikan allerdings den Titel des Bischofs von Trebisonda verlieh, stellte im Jahre 1419 der gleiche Consiglio dei Dieci Catena einen Schutzbrief aus, mit dem dieser sich in Venedig frei bewegen konnte.

Der im Druck von Jacopo de' Barbari dargestellte Glockenturm setzt sich aus einem Backsteinkörper zusammen, der durch Blendarkaden geschmückt ist. Die Glockenstube weist zu jeder Seite eine Bogenöffnung auf und trägt eine kleine, von vier Pinakeln verzierte Kuppel. Den Chroniken zufolge stürzte der Campanile am 24. August 1595 ein, wobei er zwölf Häuser und die halbe Kirche zertrümmerte und zehn Menschen unter sich begrub.

San Lio

San Leone
Castello
Turmstumpf

Die von der Familie Badoer gestiftete Kirche San Lio war zunächst der hl. Katharina geweiht, bevor sie nach einer Erneuerung nach 1054 dem hl. Leo dem Großen gewidmet wurde. Papst Leo I. hatte sich in der Diatribe zwischen dem Patriarchen von Aquileia und jenem der Stadt Grado für Venedig sehr stark gemacht. Nachdem die Kirche im Jahre 1520 erneuert worden war, wurde sie 1619 geweiht. 1783 instand gesetzt, blieb der Sakralbau Pfarrkirche bis 1810 und wurde danach Filialkirche von Santa Maria Formosa.

Der in der Ansicht von de' Barbari gezeigte Campanile ist vermutlich jener von 1054. Der Turmkörper aus Ziegel mit doppelten Rundbogenblenden stützt eine Glockenkammer, die durch Zwillingsarkaden geöffnet ist. Die Spitze des Glockenturms besteht aus einem von vier kleinen Aufsätzen geschmückten Kegeldach. Heute ist von dem Campanile nur mehr ein Stumpf verblieben, der zwischen den Häusern kaum auffällt. Er zeigt zwei kleine Öffnungen mit gestelzten Bögen, die übereinanderliegen und von istrischem Stein gerahmt sind. Wahrscheinlich geht seine gegenwärtige Form auf das Jahr 1783 zurück.

San Luca

San Marco
Höhe: 22 m
handbetriebene Glocken

> 43, 64, 219

Der 1072 von den Familien Dandolo und Pizzamano gestiftete Kirchenbau von San Luca diente von Beginn an als *chiesa parrocchiale*, als Pfarrkirche. 1442 erhöhte Fantino Dandolo die Einkünfte der Gemeinde und überließ ihr einige Häuser aus seinem Besitz, um den Kirchenbau erweitern zu können. 1581 errichtete man einen größer angelegten Bau. 1810 wurden der *parrocchia* San Luca die Pfarrei von San Benedetto und Bereiche des Kirchensprengels von San Paterniano angeschlossen. 1827 stürzten Teile der Fassade ein, woraufhin Pfarrer Giuseppe Lazzari Instandsetzungsmaßnahmen an der gesamten Kirche vornehmen ließ. Eine Erneuerung des Sakralbaus im Jahre 1881 veränderte die ursprüngliche Gestalt und Anlage von San Luca.

Bis zum Jahr 1724, als die Republik die Accademia dei Pittori (Akademie der Maler) gründete, die zunächst in einigen Räumen des Ordens der Templari all'Ascensione untergebracht war, hatte die Zunft der Maler im Gemeindegebiet eine *scuola* unter dem Schutz des hl. Lukas. Zudem wohnte in der *parrocchia* von San Luca, genauer gesagt an der Riva del Carbon (Kohleufer), einstmals Pietro Aretino, der am 21. Oktober 1556 verstarb und in der Kirche bestattet wurde. Sein in einem Marmorwandgrab gebetteter Leichnam wurde gegen Ende des 18. Jahrhunderts weggeschafft und ging verloren – nur die Steinplatte ist erhalten. Die in San Luca aufbewahrten Reliquien gehen auf die Plünderung Konstantinopels im Jahre 1204 zurück: zwei Splitter des Heiligen Kreuzes, jeweils ein Teil des Kopfes des hl. Lukas, des hl. Gregor Nazzareno und der hl. Märtyrerin Trifonia sowie der Kopf des hl. Märtyrers Arian und schließlich ein Knochen des hl. Märtyrers Anastasius. Der Finger der hl. Jungfrau und Märtyrerin Agnes hingegen stammt aus Rom.

Der 1072 zusammen mit der ersten Kirche erbaute Campanile war ursprünglich niedriger. Der Glockenturm wurde bei dem Brand von 1105 beschädigt. 1462 ließ man den oberen Teil erneuern, indem eine hohe achteckige Spitze auf den Tambour aufgesetzt wurde – in dieser Form ist der Campanile in der Stadtansicht von Jacopo de' Barbari zu erkennen. 1581 gestaltete man auch den Turmkörper um, den fortan statt einer zwei Rundbogenblenden auf jeder Seite gliederten. Darüber hinaus wurde in die Glockenkammer ein Tonnengewölbe eingezogen. Den Turmabschluß bildete ein Dach aus acht ziegelgedeckten Flächen. 1966 wurde das alte Holzgerüst restauriert, indem man es mit Eisenträgern verstärkte.

Santa Lucia

Cannaregio
zerstört

Das Gründungsdatum des von Beginn an zur Pfarrkirche erhobenen Sakralbaus ist unsicher. Einer 1478 von Papst Sixtus IV. verfaßten Epistel ist zu entnehmen, daß die Kirche seit mehr als 400 Jahren bestand, während Sansovino 1192 als Entstehungsjahr der der Verkündigung gewidmeten Kirche angibt. 1280 wurden von der Insel San Giorgio Maggiore die Gebeine der hl. Lucia in den ihr geweihten Sakralbau verbracht. Nach einer Erneuerung wurde die Kirche 1343 von drei Bischöfen ein weiteres Mal geweiht. Im Jahre 1444 fiel Santa Lucia unter die Jurisdiktion der Kirche Corpus Domini, wurde aber weiterhin von Priestern geführt. Augustinerinnen gründeten später in der Nähe ein Oratorium. Sie durften Kirche und Konvent von Santa Lucia unter der Bedingung übernehmen, daß die Reliquien der Heiligen an Corpus Domini übergingen. Nach einigen Streitigkeiten unter den beiden Klöstern verblieb die sterbliche Hülle der hl. Lucia gegen eine jährlich an die Dominikanerinnen zu zahlende Entschädigung von vierzig Golddukaten in der gleichnamigen Kirche.

In de' Barbaris Darstellung aus der Vogelschau ist die Kirche Santa Lucia von gotischem Gepräge. Die Apsiden weisen zum Canal Grande. Im 16. Jahrhundert stiftete Leonardo Mocenigo einen Neubau der Kirche mit einer Familienkapelle, für deren Entwurf Sansovino zufolge Andrea Palladio verantwortlich war. Aber bereits 1575 verstarb Leonardo und wenig später, 1580, der Architekt Palladio. Die Bauarbeiten waren 1589 vollendet. 1609 errichtete der Florentiner Händler Donato Baglioni eine zweite Kapelle zu Ehren der hl. Lucia, deren feierliche Weihe 1617 Patriarch Vendramin vollzog. Wie die Zeichnungen von Antonio Visentini zeigen, waren beide Kapellen im Stile Palladios gebaut worden, und die Fassade zum Canal Grande hin war klassisch gestaltet. Nach der Vertreibung der Nonnen im Jahre 1806 diente Santa Lucia als Filialkirche von San Geremia, wobei dort nach wie vor die Messe gefeiert wurde. Nachdem die Kirche 1860 niedergerissen worden war, um an ihrer Stelle den Bahnhof zu errichten, wurden die Reliquien der hl. Lucia nach San Geremia überführt.

In de' Barbaris Ansicht erscheint der Glockenturm neben der Apsis mit einem von doppelten Rundbogenblenden gegliederten Backsteinkörper, auf dem eine Glockenstube mit Drillingsarkaden ruht. Die Spitze ist kegelförmig und wird von vier kleinen Pinakeln geschmückt. In der Skizze von Canaletto lassen sich zwei kleine Glockentürme ausmachen, die mit Zwiebelkuppeln versehen sind. Die kleinen Kuppeln ähneln jenen der auf der Giudecca gelegenen Kirche Le Zitelle. Der Campanile von Santa Lucia muß vor 1589 zerstört worden sein.

Madonna dell'Orto

> 66, 73, 129, 134, **136**, 193

San Marco

> **34**, 65, 103, 120, 142, 198, 206, 223

San Marcuola

Sant'Ermagora e Fortunato
Cannaregio
Turmstumpf

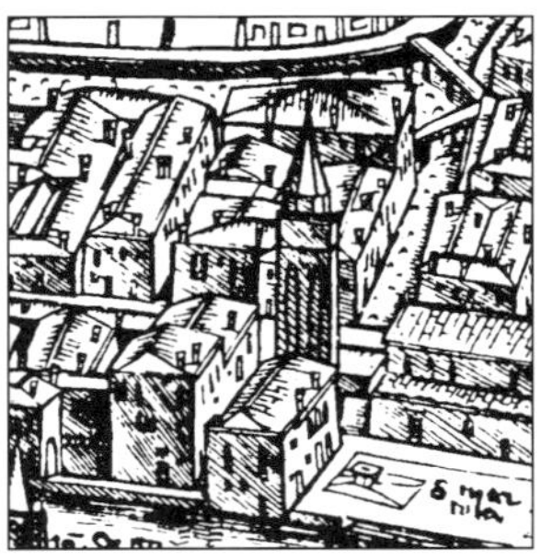

San Marcuola ist eine sehr frühe, auf die Familien Memmo und Lupanizza zurückgehende Kirchengründung und war von Beginn an Pfarrkirche. Der Sakralbau wurde im Jahr 1105 zerstört und kurze Zeit später wiedererrichtet. Die Kirche ist der Jungfrau Maria und den Heiligen Fortunatus und Hermagoras geweiht, von dem die *parrocchia* als Reliquie einen Finger besitzt. Zudem schenkte die Familie Memmo ihr die Gebeine der Heiligen Fortunatus und Memmia, die aus den römischen Katakomben stammten, sowie die Hand der hl. Märtyrerin und Jungfrau Teodisia. Als weiterer Titelheiliger der Kirche erscheint Johannes der Täufer, dessen Hand als Reliquie in San Marcuola verwahrt wird. Nach sechs Jahrhunderten wurde das Gebäude von Giorgio Massari im Jahre 1736 erneuert. Dabei wies seine Fassade nun zum Canal Grande, während der Vorgängerbau parallel zu der Wasserstraße verlaufen war. Die in einem Stich von Antonio Visentini dargestellte Schauseite wurde nie ausgeführt.

Der bei de' Barbari gezeigte Campanile ist aus Backstein errichtet und durch Wandvorlagen geschmückt. Über der Glockenkammer erhebt sich ein etwas schmalerer Tambour und ein aus acht Flächen zusammengesetztes, spitzes Dach. Der nachfolgende Glockenturm – Levi zufolge handelte es sich dabei um ein Werk von Giorgio Massari aus dem Jahre 1728 – ragte südlich der Kirche empor. Er stand ein wenig abgerückt neben der Ca' Martinengo. Der untere Teil des Baukörpers blieb erhalten und wurde in Wohnraum umgewandelt.

Santa Margherita

Dorsoduro
Turmstumpf

Die von dem Kaufmann Geniano Busignaco während der Regierungszeit des Dogen Pietro Tradonico gestiftete und im Jahr 853 geweihte Pfarrkirche blieb bis zur ersten Hälfte des 17. Jahrhunderts erhalten. Wie bei Sabellico zu lesen ist, war die vergoldete Apsis vollständig mit herrlichen antiken Mosaiken bedeckt und von einer Kuppel überfangen, die auf vier prächtigen orientalischen Marmorsäulen ruhte. 1330 hatte sich der Eremit Bisina im Glockenturm eine schmale Zelle eingerichtet, die er nur in der Nacht vor dem Festtag von Christi Himmelfahrt verließ, um durch den Besuch der Basilika von San Marco Ablaß zu erlangen. Wenn er an den Meßfeiern von Santa Margherita teilnehmen wollte, kletterte er hingegen zur Kuppel hinauf.

Ende des 15. Jahrhunderts, in der Zeit, als de' Barbari seine Venedigansicht fertigte, war die Kirche dreischiffig mit flacher Apsis; die Kuppel hatte sie bereits eingebüßt. Im Jahre 1687 modernisierte Giambattista Lambranzi den Sakralbau und gestaltete – wie bei den Eremiten – das schlichte Äußere passend zum prächtigen Innenraum. Die Außenansicht des Gebäudes ist, wenn auch versteckt zwischen Häusern, noch heute in ihrer ursprünglichen Form erhalten.

Nachdem die Pfarrkirche 1810 aufgelöst worden war, wurde in dem Bauwerk eine Tabakfabrik untergebracht, später ein Lager für Marmorblöcke, die aus aufgegebenen Kirchen stammten. Am 17. Dezember 1813 erwarben Giacomo Florian und Pietro Bigaglia die Fußböden aus Santa Margherita, Santa Marta und San Severo für die Kirche von Montereale, während die Gemälde von Jacopo Tintoretto in die Sakristei von Santo Stefano überführt wurden. 1882 diente das Gebäude als evangelische Kirche, später wurde es als Atelier des Bildhauers Luigi Borro genutzt und schließlich in ein Kino umgewandelt. 1990 gestaltete der Architekt Luciano Gemin das Kirchenschiff zum Auditorium der Universität um.

Der im Jahre 1305 errichtete Glockenturm zeigt sich in Jacopo de' Barbaris Ansicht als ein Baukörper mit doppelter Lisenengliederung. Die Glockenstube ist mit Drillingsarkaden ausgestattet und trägt eine kegelförmige Spitze, die von einer Balustrade umfangen wird. 1687 wurde der untere Teil des Campanile mit einem kräftigen Bossenwerk neu verkleidet; im Scheitel des Portalbogens war die Maske eines Ungeheuers angebracht. Die Rustika setzte sich auf den Wänden der Kirche fort, wo in Reliefs Episoden aus dem Leben der hl. Margherita geschildert wurden. Auf Gabriele Bellas Gemälde »Einzug eines Pfarrers in die Kirche Santa Margherita« aus dem Jahr 1760 ist noch der gleiche Glockenturm zu sehen. Im Jahre 1808 wurde der einsturzgefährdete Campanile von Santa Margherita bis auf die unteren 14 Meter, die man in Wohnungen umwandelte, abgetragen.

Santa Maria del Giglio

Santa Maria Zobenigo
San Marco
Turmstumpf

Dieser Sakralbau, heute Filialkirche von San Moisè, wurde in weit zurückliegender Zeit als Pfarrkirche errichtet. Die Kirche ist der hl. Jungfrau Maria der Verkündigung geweiht, wurde aber nach dem Namen der Stifterfamilie Santa Maria Zobenigo genannt. Als Mutterkirche hingen von Santa Maria Zobenigo San Moisè, San Fantin, San Vio, San Benetto, San Maurizio, Sant'Angelo, San Samuele, San Trovaso, San Barnaba und Anzolo Rafael ab. Im Jahre 966 wurde das Gebäude durch einen Brand beschädigt, und 1105 fiel es dem großen Feuer zum Opfer. Von den Spenden der Gläubigen konnte die Kirche wiederaufgebaut werden. Diese Anlage blieb erhalten, bis sie 1680 auf Betreiben des Pfarrers Lodovico Baratti im Laufe von drei Jahren erneuert wurde.

1678 hatte die Familie Barbaro der *parrocchia* die Summe von 30.000 Dukaten für die Gestaltung der Fassade überlassen, die bald das Porträt des 1679 verstorbenen *Capitano de Mar* (Kapitän des Meeres) Antonio Barbaro schmückte. Ferner zieren die Bildnisse der vier Barbaro-Brüder, Darstellungen ihrer Siege gegen die Türken, Reliefs mit Grundrissen der verteidigten Festungen – Zara (Zadar), Candia (Kreta), Spalato (Split) und Korfu – sowie Reliefs der Stadt, in der sie als Botschafter wirkten (Rom), und der Universität, an der sie unterrichteten (Padua), die Fassade. Die Engel auf dem Giebel stellen die einzigen religiösen Motive dieser Schauseite dar. Aufgrund ihrer plastischen und malerischen Wirkung ist sie als eine der prächtigsten Schöpfungen der Baukunst des Barock in Venedig zu bezeichnen. Die Kirchenfront trägt die Inschrift: »Ioseph Sardi Architectus 1668 - 1683«. Die Kirche Santa Maria Zobenigo wurde in den Jahren 1833, 1963 und 1998 weiteren Restaurierungsmaßnahmen unterzogen.

In de' Barbaris Holzschnitt befindet sich der Campanile noch im Bau. Der Turmsockel besteht aus Quadern istrischen Kalksteins. Die Kirche selbst ist als dreischiffige Basilika mit Satteldach auszumachen. Nicandro Jasseo berichtet von der Gefährdung des Glockenturms mit folgenden Worten: »et propre turris Inflexa cervice astat« (und daneben steht ein Turm mit gebeugtem Nacken) und »In templo S. Mariae, ut vocant, Zobenigo facies pulchra ex marmore, turris studiosae inclinata« (Bei der Kirche S. Maria, genannt Zobenigo, gibt es eine schöne Fassade aus Marmor, der Turm ergeben geneigt). Der in Zeichnungen von Canaletto und Gherro zu sehende Campanile, den Antonio Visentini 1742 im Stich noch einmal darstellte, trägt über einem oktogonalen Tambour eine konische Ziegelspitze. 1773 erstellte der Architekt Alberti ein Gutachten, demzufolge sich der Glockenturm um eineinhalb venezianische Fuß geneigt hatte. Bei einer weiteren Untersuchung ein Jahr später registrierte der Baumeister Bernardino Maccaruzzi eine Senkung von zweieinhalb Fuß. Im Jahre 1775 wurde der Glockenturm auf Beschluß des Senats abgetragen. Die Arbeiten für den Wiederaufbau des Campanile begannen 1805, doch überstieg dieser Turmbau nicht mehr die Höhe von acht Metern. Heute wird der Turmstumpf von einem Geschäft genutzt.

Santa Maria dell'Ascensione

Santa Maria in Broglio
San Marco
zerstört

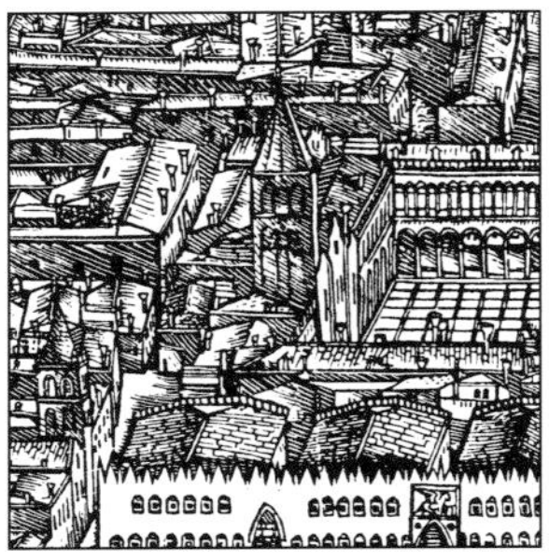

Der im Jahr 1118 gegründete Orden der Templer verfügte in Venedig über zwei Häuser mit angeschlossenen Kirchen: San Giovanni del Tempio und Santa Maria in Broglio – der Beiname »Broglio« geht auf den venezianischen Ausdruck *brolo* zurück, der Garten, Obstgarten bedeutet. Zu der Kirche Santa Maria dell'Ascensione gehörte ein Hospiz für Pilger, die auf der Durchreise ins Heilige Land waren. Die Unterkunft lag in der Calle dell'Ascensione oder Valaresso, wo sich heute das Hotel Luna befindet. Der letzte Prior des Hauses, Cavalier Emanuele, verließ das Hospiz 1311, als Papst Klemens V. den Orden bei dem Konzil von Wien auflöste. Die Besitzungen gingen an den Orden der Malteserritter über, die Haus und Kirche 1322 an die Prokuratoren von San Marco verkauften. Die Prokuratoren wiederum vermieteten den Komplex 1336 an Frate Malasa mit der Verpflichtung, in der Kirche Gottesdienste abzuhalten, keine Armen zu empfangen und die weltlichen Botschafter zu beherbergen, die auf Besuch in Venedig weilten. Gegen Ende des 15. Jahrhunderts verpachteten die Prokuratoren das Kloster als Osteria della Luna und bestimmten einen Rektor für die Kirche. 1516 faßte die in der Kirche ansässige Bruderschaft des Spirito Santo, des Heiligen Geistes, die auch »Confraternità dell'Ascensione« genannt wurde, den Beschluß, das Gebäude zu erneuern. Die Bauarbeiten konnten aufgrund von Streitigkeiten mit der Bruderschaft der Blinden, die wegen der unruhigen Umgebung nach San Vitale übersiedelte, erst im Jahre 1597 beendet werden. Die Kirche wurde wieder unter dem Titel Santa Maria dell'Ascensione geweiht. Sie wurde 1810 geschlossen und diente als Lagerraum, bis sie 1824 abgerissen wurde, um das Hotel erweitern zu können.

In de' Barbaris Druck erhebt sich der Campanile zum Kanal weisend neben der Kirchenfassade (heute liegt dort der Eingang zum Hotel). Der Turmkörper aus Backstein zeigt doppelte Wandvorlagen, wird von der durch Biforien geöffneten Glockenkammer überragt und von einem Kegeldach abgeschlossen, das vier kleine Pinakel schmücken. In welchem Jahr der Glockenturm zerstört wurde, ist ungewiß, ein mögliches Datum wäre 1824. Es gibt eine Zeichnung von Giovanni Casoni, auf der der Entwurf für einen Wiederaufbau des Campanile zu sehen ist.

Santa Maria della Carità

Dorsoduro
zerstört

Der usprüngliche Kirchenbau von Santa Maria della Carità wurde aus Holz errichtet. 1120 hinterließ Marco Zulian seinen Besitz dem päpstlichen Gesandten, um damit eine Kirche aus Stein und zugleich eine Klosteranlage zu finanzieren. Hier lebten 1134 die Kanoniker von Santa Maria in Porto aus Ravenna und später die Lateraner von Sant'Agostino. 1177 weihte Papst Alexander III. den Sakralbau und beschenkte die Gemeinde mit Ablässen. Doge und Signoria, die Regierung Venedigs, statteten der Kirche jedes Jahr am 5. April einen Besuch ab. Zu Beginn des 15. Jahrhunderts, nachdem der Augustinermönch Gabriello Condulmer als Eugen IV. zum Papst gewählt worden war, verbesserte das Kirchenoberhaupt die finanzielle Lage des Klosters und ließ die Kirche erneuern. 1441 wurde Bartolomeo Bon mit der Fassadengestaltung betraut und führte das Hauptportal, die eindrucksvolle Porta Maggiore, aus, die Canaletto in fünf Versionen abbildete. Das Portal ist mit weiteren Gebäudeteilen in die heutige Accademia di Belle Arti (Akademie der Bildenden Künste) integriert.

Im Kircheninnern waren die Kunstwerke einstmals dicht gedrängt. Unter dem Hauptaltar aus dem Jahr 1453 wurden die Gebeine des hl. Amiano, des Schutzpatrons der Schuster, aufbewahrt, die 1456 aus San Clemente hierher verbracht worden waren. Die Altartafel mit der Darstellung der Barmherzigen Jungfrau von Antonio Vivarini ist leider verloren gegangen. In der Kirche Santa Maria della Carità befand sich zudem das heute zerstörte Grabmal des im Jahre 1585 verstorbenen Dogen Nicolò da Ponte, das Scamozzi nach einem Entwurf von Daniele Barbaro gefertigt hatte. Gegenüber war das Mauro Codussi zugeschriebene Monument der Dogen Marco und Agostino Barbarigo aufgestellt, das heute in San Salvador untergebracht ist. Andrea Palladio schuf in der Konventsanlage 1552 eines seiner venezianischen Meisterwerke: die *casa dei antichi*, von der nur mehr das sogenannte »Tablinum« – ein durch Säulen und Wandnischen gegliederter Raum –, die Treppe und eine Seite des Kreuzgangs erhalten blieben. Nach der Verwüstung und Zerstörung im Jahre 1807 wurden die Überreste mit Schubkarren nach Sant' Ariano transportiert, wo sie als Bauschutt abgeladen wurden.

Sowohl in der Ansicht von Jacopo de' Barbari als auch in jener von Luca Carlevaris steht der Glockenturm nahe der Apsis. Er erhebt sich zwischen den niedrigen Häusern, die einst jene Stelle einnahmen, an der heute die *vaporetti*, die Linienboote, anlegen. Der in den Plänen gezeigte Campanile ist oberhalb des Sockels durch Wandvorlagen gegliedert. Die Glockenstube öffnet sich durch schmale, hohe Drillingsarkaden, deren Bögen gestelzt sind. Der anschließende achteckige Tambour trägt eine krönende Spitze in Form eines Kegeldachs. Am Freitag, dem 17. März 1744, brach der Glockenturm zusammen, zerstörte zwei Häuser und ließ die Gondeln, die auf die andere Seite des Canal Grande zum Campo San Vidal übersetzten, durch die Luft fliegen.

Santa Maria della Misericordia

Abtei von Val Verde
Cannaregio
Höhe: 14 m
handbetriebene Glocken

> 66, 128, 134, 141

Von romanisch-byzantinischem Gepräge erhob sich seit dem Jahre 939 die Kirche Santa Maria di Val Verde auf der gleichnamigen Insel. Nebenan lag ein Hospiz für Pilger, die sich auf dem Weg ins Heilige Land befanden. Die Pest von 1348 raffte den Abt und alle Mönche dahin. Der Patriarch von Grado, Francesco Querini, gewährte der Familie Moro das Recht, den Prior des Klosters zu bestimmen, ein Privileg, das die Familie bis 1797 innehatte. Kurz nachdem der fromme und gelehrte Prior Girolamo Savina einige Vorrechte wie etwa den Gebrauch von Mitra und Hirtenstab empfangen hatte, wurde er im Juni 1661 durch ein Gift getötet, das ein Mönch in seinen Kelch gegossen hatte. Unmittelbar vor seinem Tod hat er dem Mönch noch vergeben.

1659 schuf Clemente Moli mit der finanziellen Unterstützung des Philosophen Gasparo Moro eine Fassade aus istrischem Stein. Wenn auch nicht unbeschädigt und verfallen, so überstand die Kirche doch die Säkularisation. Der Zustand des Gebäudes änderte sich erst im Jahr 1828 durch den ehemaligen barfüßigen Karmelitermönch und hochberühmten Professor Pietro Pianton, der aus dem Orden ausgetreten war und sich als Zensor von Büchern und Graphiken betätigte. Nachdem er die Sakralanlage instand gesetzt hatte, sammelte er dort Kunstwerke, die aus aufgegebenen Kirchen stammten: die Statuen der Jungfrau Maria und der Heiligen Christina, Dorothea und Callista – es handelte sich um Werke des Bartolomeo Bon aus der Scuola Grande della Misericordia –, den Hochaltar und die fein gestalteten Marmorarbeiten aus der zerstörten, ehedem auf Murano gelegenen Kirche San Mattia. Mit der Depesche Nr. 155 vertraute ihm Erzherzog Rainer das Monument von Alvise Malipiero an, das sich zuvor in Santa Maria Maggiore befunden hatte, ebenso wie die von Antonio Rizzo gefertigte Statue der hl. Helena aus der gleichnamigen Kirche Sant'Elena. Als Pietro Pianton 1864 verstarb, wurde die Kirche geschlossen.

Nach einem Gerichtsprozeß gelangte die Familie Moro-Lin erneut in den Besitz des Sakralbaus und aller Kunstwerke, die in der Folgezeit zerstreut wurden. Wenn Patriarch Domenico Agostini den Kirchenbau 1844 nicht aufgekauft hätte, um zu verhindern, daß er von der evangelischen Kirche genutzt wurde, wäre auch diese Kirche verschwunden. Bis zum Jahr 1967 wurde die Messe von Mitgliedern des Servitenordens gefeiert. »Die letzte Messe in der Misericordia« – so der Titel des Berichts in Venedigs Tageszeitung Il Gazzettino – fand am 17. August statt. Danach ging der Bau in Privatbesitz über und wurde geschlossen.

Der Campanile, vormals ein antiker Turm, der zur Verteidigung der nördlichen Lagune bestimmt war, steht ein wenig abgerückt von der Kirche. Der im gotischen Stil des 14. Jahrhunderts gestaltete Baukörper – in dieser Form ist er auch im Druck von de' Barbari dargestellt – ist durch doppelte Rundbogenblenden gegliedert. Die Glockenstube öffnet sich in Drillingsarkaden, die aus Säulen und Kapitellen aus istrischem Stein bestehen. Den Turmabschluß bildet ein ziegelgedecktes Pyramidendach. Der Glockenturm wurde vor einigen Jahren für 300 Millionen Lire verkauft.

Santa Maria Formosa

Castello
Höhe: 40 m
elektromechanisch betriebene Glocken

> 16, 44, 71, 104, 141, 205

Die Kirche Santa Maria Formosa wurde im siebten Jahrhundert durch die Familie Tribuno erbaut. Dies geschah auf Wunsch des hl. Magnus, nachdem ihm Maria als wohlgestaltete (*formosa*) Jungfrau erschienen war. Der Sakralbau wurde Mariä Lichtmess geweiht und diente von Beginn an als Pfarrkirche. Bereits 864 wurde die Kirche von den Söhnen des Marino Patrizio instand gesetzt und mußte nach dem Brand von 1105 ein weiteres Mal wiederaufgebaut werden. 1492 schuf Mauro Codussi eine neue Kirchenanlage, für deren Bau er die Fundamente des 11. Jahrhunderts nutzte. Die zum Kanal hin ausgerichtete Fassade geht auf das Jahr 1541 zurück, wohingegen die zum Platz weisende Schauseite aus dem Jahr 1604 stammt. Die Fassaden wurden auf Kosten der Familie Cappello fertiggestellt, während das Innere 1689 durch den reichen Kaufmann Torrino Tononi umgestaltet wurde. Zweimal mußte die Kuppel erneuert werden: das erste Mal 1668 nach einem Erdbeben, das

zweite Mal im Jahre 1921, nachdem das Gebäude 1916 von einer österreichischen Bombe getroffen worden war.

1810 verlor die *parrocchia* einige Teile ihres Kirchensprengels, die stattdessen zu San Zaccaria und Santi Giovanni e Paolo übergingen. Dagegen wurden der Pfarrei die abgerissene Kirche Santa Marina, San Giuliano und San Lio zugeordnet. Als eine der fünf Mutterkirchen der Stadt beherbergt Santa Maria Formosa besonders viele Bruderschaften. Eine dieser Bruderschaften – eine der neun *confraternità*, die 1245 der Geistlichkeit zuzurechnen waren – trägt den gleichen Titel wie die Kirche. Die älteste ist die Bruderschaft der Darbringung, Confraternità della Presentazione, und geht auf das Jahr 933 zurück. Es folgten jene der Kistenmacher, die dem hl. Joseph gewidmet war, die dem hl. Josaphat geweihte Bruderschaft der Obsthändler, jene der hl. Barbara verbundene Bruderschaft der Geschützgießer und schließlich als letzte die Bruderschaft der Heiligen Dreifaltigkeit, die 1604 gegründet wurde, um Almosen zum Freikauf von Sklaven zu sammeln.

Alljährlich am 2. Februar, am Tag von Mariä Lichtmess, begaben sich Doge und Signoria in einer feierlichen Bootsprozession zu der Kirche. Sie wurden von zwölf reich geschmückten jungen Frauen, den berühmten Marien, begleitet. Mit diesem Fest beging man die Befreiung der Bräute durch die Kistenmacher von Santa Maria Formosa, nachdem sie 944 von triestinischen und istrischen Piraten in San Pietro di Castello geraubt worden waren. Als Belohnung hatten die Kistenmacher einen alljährlichen Besuch durch den Dogen erbeten. Auf seine Fragen »Wenn es regnet?« und »Wenn ich Durst habe?« warteten sie mit einem Strohhut und einem Glas Wein auf. Im Gegenzug erhielten sie ein *palio*, ein wertvolles Tuch, für den Hochaltar.

In de' Barbaris Venediganansicht erscheint der Campanile als niedriger und gedrungener Backsteinbau, der mit Rundbogenblenden versehen ist. An den Ecken oberhalb der durch Drillingsarkaden geöffneten Glockenstube sind vier kleine Pinakel aufgestellt, die zugleich die Spitze in Form eines Zuckerhuts umfangen. Der zwischen 1611 und 1688 entstandene, ebenfalls freistehende Glockenturm, von dem der Priester Francesco Zucconi eine Zeichnung gefertigt hat, ist weiß verputzt und mit Reliefs und Dekorationen aus farbigem Stuck verziert. Unterhalb der Glockenstube befindet sich auf jeder der vier Seiten eine Uhr. Die Klangarkade wird von vier Segmentbogengiebeln abgeschlossen, über denen sich ein weiteres, von einer Balustrade bekröntes Geschoß und der achteckige Tambour erheben. Den Turmabschluß bildet eine bleigedeckte Kuppel.

Die große, den Schlußstein des Portals bildende Maske muß John Ruskin sehr erregt haben: »huge, inhuman and monstrous – leering in bestial degradation, too foul to be either pictured or described ... in that head is embodied the type of the evil spirit to which Venice was abandoned. « (Groß, unmenschlich und monströs – mit einem lasziven und tierischen Grinsen, zu abstoßend, um gezeichnet oder beschrieben zu werden ... dieser Kopf trägt den bösen Geist in sich, dem Venedig anheimgefallen ist.)

Santa Maria Maddalena

Cannaregio
zerstört

Die Kirche entstand 1222 als von der Familie Baffo gestiftetes Oratorium und wurde nach kurzer Zeit Pfarrkirche. Mehrfach ausgebaut, erhielt das Gebäude 1701 auf Kosten des Pfarrers Francesco Riccardi eine würdevolle Ausstattung: Er ließ die althergebrachten hölzernen Altäre durch solche aus Mamor ersetzen. Pfarrer Giovanni Marichioni beauftragte 1749 Tommaso Temanza damit, die Kirche neu zu errichten. Sie erhob sich über einem sechseckigen Grundriß mit sechs Kapellen, bekrönt von einer Kuppel in Form einer Halbkugel mit abschließender Laterne. Santa Maria Maddalena galt als eines der bedeutendsten Werke des Baumeisters und wurde sogar in die »Fabbriche« von Cicognara aufgenommen. 1791 kam ein weiterer Altar in das Kircheninnere. Wie sich einer Inschrift an seinem Sockel entnehmen läßt, war er der Zunft der Fenstermacher gewidmet. 1810 mußte Santa Maria Maddalena ihre Funktion als Pfarrkirche aufgeben. Im Jahre 1820 geschlossen, wurde sie als Sakramentskapelle wiedereröffnet.

Der bei de' Barbari dargestellte Campanile, ein Backsteinkörper mit doppelten Wandvorlagen und einer Glockenkammer mit Drillingsarkaden, wird von einem Pyramidendach geschlossen. Seine ursprüngliche Form beschreibt der Reiseführer Folin Molmenti folgendermaßen: »L'antico campanile che sorgeva nel campo in prossimità alla chiesa, si spacciava per torre, la quale portava il nome di Castel del Baffo. Non neghiamo che questo castello torreggiasse qui vicino ne' secoli andati, ma non poteva esser certo la gretta e poco solida costruzione che n'ereditava il nome.« (Der alte Campanile, der auf dem Platz in der Nähe der Kirche emporragte, wurde als Turm ausgegeben, der den Namen Burg der Baffo trug. Wir verleugnen nicht, daß sich diese Burg in den vergangenen Jahrhunderten hier in der Nähe erhob, aber sicher kann dies nicht der kümmerliche und wenig stabile Bau sein, der ihren Namen geerbt hat.) Nachdem der Campanile abgerissen worden war, errichtete Massari 1881 einen einfachen Glockengiebel.

Santa Maria Maggiore

Santa Croce
Höhe: 33 m
ohne Glocken

> 54, 62

Auf dem Plan von Giovanni Merlo von 1669 erscheint Santa Maria Maggiore wie eine rechteckige Insel, die von einer Mauer geschützt wird. Sie befand sich in einem urbar gemachten Gebiet, das de' Barbari noch nicht dargestellt hat und das in der Nähe von Sant'Andrea de la Zirada lag. Der Sakralbau bestand aus drei Schiffen, und der Campanile schloß auf der Seite des Kreuzgangs, der das Dormitorium von dem an Obstpflanzen reichen Garten trennte, an die Apsis an. John McAndrew berichtet – und zitiert dabei Cicogna –, daß die Ordensschwestern von Sant'Andrea der Nonne Caterina 1497 ein Stück Land überließen, auf dem sie gemeinsam mit zwölf Franziskanerinnen der Strengen Observanz ein Kirchlein und ein Kloster aus Brettern errichtete. Dies kann man auf einer Inschrift an der Ecke der Kirchenfassade lesen.

Eine als Schenkung in die Kirche gelangte wundertätige »griechische« Ikone verlieh dem Sakralbau seinen Titel und veranlaßte Alvise Malipiero, Kirche und Konvent neu errichten zu lassen. Die Arbeiten begannen 1503, und nach zwei Jahren konnten die Nonnen das Kloster bereits bewohnen. Ab 1514 wurde, finanziert durch den Ablaßhandel, der Kirchenbau fertiggestellt, der aufgrund seiner klaren Formen, der Eleganz der Details und wegen der vollkommen geradlinig gestalteten Apsis als lombardisch inspiriert bezeichnet werden kann. Nach der Überlieferung von Sanudo besuchte der Doge 1523 die vollendete Kirche, und Cicogna weiß zu berichten, daß die Erweiterungen von Malipiero bis zum Jahr 1557, seinem Todesjahr, fortgesetzt wurden. Malipiero wurde auf der linken Seite des Presbyteriums in der Kapelle bestattet, die das Mausoleum der Familie wurde, während sich auf der gegenüberliegenden Seite die Grablege der Mocenigo befand. Kirche und Konvent von Santa Maria Maggiore erhielten durch die Mädchen, die in den Orden eintraten, ansehnliche Schenkungen und Gemälde aus den Adelshäusern: ein Gemälde von Giovanni Bellini, Tizians Darstellung von Johannes dem Täufer, die heute in den Gallerie dell'Accademia verwahrt wird, und eine Himmelfahrtsdarstellung von Paolo Veronese.

Auch hier verhielten sich die Ordensschwestern nicht vollkommen züchtig.

Laut einer Erzählung von Marin Sanudo machten die Priorin, Suor Maria, und zwei weitere Nonnen mit dem Priester Francesco von San Stae gemeinsame Sache. In seinem Haus wurden Gegenstände gefunden, die ihm Suor Maria geschenkt hatte. Um das Kloster für die dadurch entstandenen Verluste zu entschädigen, wurden die Objekte versteigert, und Schwester Maria wurde zu Brot und Wasser nach Zypern verbannt. Cicognas Bericht ist zu entnehmen, daß im Jahre 1695 das Kloster von 122 Nonnen bewohnt wurde.

1805 siedelten die Ordensschwestern nach Santa Croce über. Ein Jahr später wandelte man das Kloster in eine Kaserne um, bis es 1817 durch einen Brand zerstört wurde. Heute ist in den Gebäuden das Gefängnis untergebracht. Die Kirche ging an das Tabakmonopol über, das in dem Bau Hängeböden einziehen ließ. 1961 fiel der ehemalige Sakralbau an die Soprintendenza dei Monumenti, an das Amt für Denkmalpflege, das das Dach instand setzen und die Hängeböden entfernen ließ.

Auch die Reliquien, die der Priester Guglielmo Wenter sammelte und die nach San Tomà überführt wurden, waren von großer Bedeutung: Die Gebeine des hl. Faustus, eine Reliquie des hl. Valentinus und ein Dorn aus der Krone Christi, der zwar jedes Jahr in der Kirche ausgestellt, jedoch in dem benachbarten Bruderschaftsgebäude, der *scuola*, verwahrt wurde. Diese war 1507 errichtet worden und verfällt zusehens.

Der romanische Campanile, der jenem der Kirche San Barnaba ähnelt, ist aus Backstein erbaut und wird von doppelten Blendarkaden strukturiert. Die Glockenkammer öffnet sich in Zwillingsarkaden, deren Bögen auf Säulen aus istrischem Kalkstein ruhen. Die Spitze in Form eines Zuckerhuts ist von vier kleinen Pinakeln umgeben, die das Wappen der Malipiero tragen. Die heutige Erscheinung des Glockenturms entspricht jener auf dem Druck von Jacopo de' Barbari.

Santa Maria Mater Domini

Santa Croce
Höhe: 33 m
handbetriebene Glocken

> 65, 194, 206

Santa Maria Mater Domini wurde 960 durch die Familien Cappello und Zane gegründet. Die Kirche war mit Santa Maria Formosa verbunden und der hl. Katharina geweiht; sie wurde von Nonnen geführt. Im Jahre 1118 ging die Sakralanlage an Regularpriester über und wurde Pfarrkirche. Tassini berichtet von einem Erlaß des Consiglio dei Dieci vom 24. April 1488 – als die Kirche noch über einen Portikus verfügte –, demzufolge dieser mit Brettern zu schützen und mit einer bei Sonnenuntergang zu verschließenden Tür zu versehen sei. Damit sollten Sodomie und andere Schändlichkeiten unterbunden werden. Nachdem der Bau 1503 abgerissen worden war, wurde auf Betreiben des Pfarrers Angelo Filomate eine neue Kirche errichtet, die bis heute erhalten ist. 1510 fand auf einem

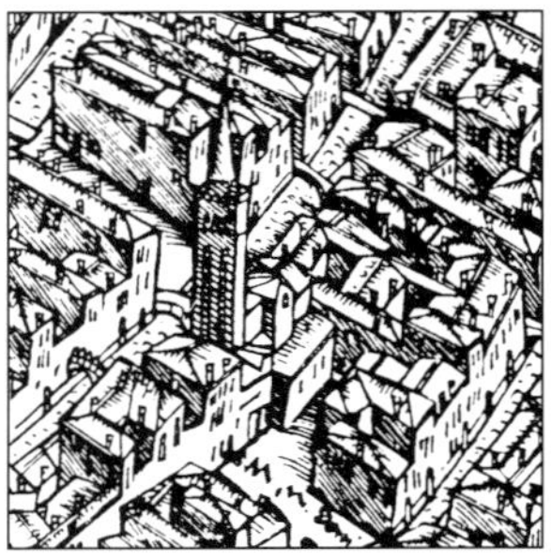

der Altäre das von Vincenzo Catena geschaffene Tafelbild der hl. Katharina Aufstellung. Der neue Kirchenbau, der am 25. Juli 1540 geweiht wurde, wird Tommaso Temanza aus dem Umkreis von Pietro Lombardo zugeschrieben. Jacopo Sansovino schloß 1510 die Arbeiten mit der Fassade aus istrischem Kalkstein ab, die in ihrer Gestaltung Stilelemente der toskanischen Renaissance aufweist.

Der Grundriß der Kirche hat die Form eines griechischen Kreuzes. Über der Vierung erhebt sich eine Kuppel, die auf schweren Pfeilern ruht. Der Bau ist von der sogenannten »cuba di mezzo«, dem überkuppelten Zentralbau von San Marco, inspiriert. Die einfachen und harmonischen Proportionen erinnern an die Bauwerke von San Giovanni Grisostomo und San Felice. Der neben dem Eingang plazierte Altar wird Lorenzo Bregno zugeschrieben, während jener auf der linken Seite aus Santa Maria Maggiore stammt. Der der Jungfrau geweihte Altar geht auf das Ende des 16. Jahrhunderts zurück. Die Thermenfenster wurden in der Mitte des 17. Jahrhunderts eingesetzt. Der wertvolle Altaraufsatz aus Silber, der aus Byzanz hierher verbracht wurde und den Hauptaltar schmückte, ging 1797 verloren. Zwischen 1965 und 1975 wurde dieses architektonische Juwel mit den Mitteln von »Venice in Peril« instand gesetzt. In Santa Maria Mater Domini ist Anton Maria Zanetti begraben, der 1771 in Venedig »Della pittura veneziana e delle opere pubbliche de' veneziani maestri« (Von der venezianischen Malerei und von den öffentlichen Werken der venezianischen Meister) veröffentlichte.

Der Campanile, den de' Barbari mit einem stattlichen Turmkörper aus Backstein, gegliedert durch doppelte Blendbögen, dargestellt hat, trägt eine Glockenstube mit Drillingsarkaden, über der sich eine kegelförmige Spitze erhebt. Er wurde 1503 wiederaufgebaut und 1743 instand gesetzt. Der heutige Glockenturm besteht aus einem durch Wandvorlagen strukturierten Ziegelbau, von dem die Klangarkade durch ein doppeltes Gurtgesims mit eingeschobenem Backsteinfries abgesetzt ist. Darüber erhebt sich die Glockenkammer mit Zwillingsarkaden, deren Bögen aus Ziegelsteinen gefertigt sind. Der achteckige Tambour ist ziegelgedeckt.

Santa Maria Nova

Castello
zerstört

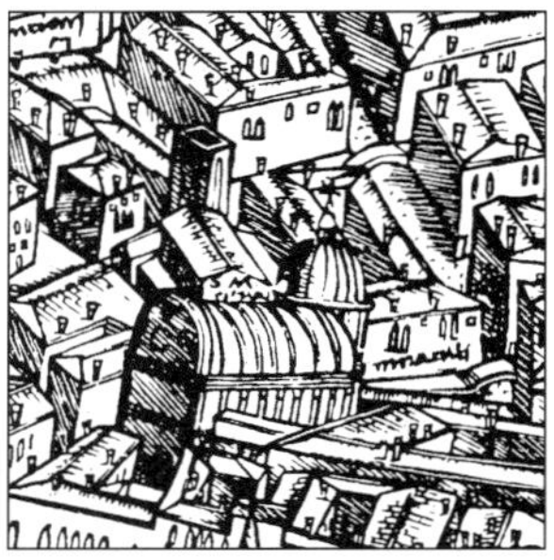

Die im Jahre 971 von der Familie Borselli gestiftete Pfarrkirche ist Mariä Himmelfahrt geweiht. Noch im 13. Jahrhundert erhielt sie den Namen Santa Maria Nova. Im Holzschnitt von Jacopo de' Barbari liegt der dreischiffige Sakralbau auf der anderen Seite des Kanals, direkt an Santa Maria dei Miracoli angrenzend. 1535 stürzte das Gebäude ein und wurde sofort mit den Mitteln des Subdiakons Nicolò dal Negro wiederaufgebaut. Zu Beginn des 17. Jahrhunderts waren weitere Sanierungsarbeiten notwendig. Die Fassade führte Giovanni Vettori im Jahre 1760 aus.

1808 wurde die Kirche geschlossen, die Ausstattung wurde zerstreut. Die sterblichen Überreste der Verstorbenen warf man in das Ossarium von Sant'Ariano. Zu diesen gehörten der 1560 bestattete Philosoph Fortunio Spira, die Familie Wocowich-Lazzari – aus ihr waren Literaten und Kulturschaffende hervorgegangen – ebenso wie der Doge Nicolò Contarini. Der endgültige Abriß des Gebäudes erfolgte 1852, als nach dem Einsturz einer Mauer einige Arbeiter, von denen sich einer in den Kanal retten konnte, ins Krankenhaus gebracht werden mußten. Die einzigen Zeugnisse dieser Kirche sind die Zeichnungen von Antonio Visentini, die uns die Pfeiler auf hohen Plinthen zeigen, wie sie sowohl von Mauro Codussi als auch von Giorgio Spavento für ihre Bauwerke verwendet wurden.

Tassini, sich auf die Annalen von Malipiero beziehend, berichtet, daß der Glockenturm im Jahr 1488 einstürzte. Er wurde auf Kosten von Niccolò Morosini, »einem sehr reichen Mann«, von Grund auf erneuert. De' Barbari zeigt den Turm in der Bauphase, gleich neben der Apsis gelegen. Auf dem Plan von Giovanni Merlo von 1660 ist der Campanile hingegen vollendet. Er setzt sich aus einem lisenengegliederten Backsteinkörper und einer Glockenkammer mit Zwillingsarkaden zusammen und wird von einer bleigedeckten Kuppel überragt. 1839 wurde er abgerissen.

Santa Marina

Castello
zerstört

Die Kirche Santa Marina wurde 1130 von der Familie Balbi als *chiesa parrocchiale* gegründet und ist den Heiligen Liberale und Alassio geweiht. Im Jahre 1231 wurden die sterblichen Überreste der hl. Marina aus Byzanz überführt und fortan auf dem Hauptaltar verehrt. Die Kirche, die deshalb der Heiligen gewidmet wurde, verfügte über sieben Altäre mit wertvollen Kunstwerken. Ihr Ruf aber beruhte auf den dort aufgestellten Grabmälern: unter anderem das Monument des am 23. Dezember 1413 verstorbenen Dogen Michele Steno sowie das Grab des im Jahre 1474 gestorbenen Dogen Nicolò Marcello. Letzteres ist als ein Meisterwerk Pietro Lombardos anzusehen. Beide befinden sich heute in der Basilika von Santi Giovanni e Paolo. Alljährlich am 17. Juli besuchten der Doge und die Signoria die Kirche Santa Marina, um des Prokurators von San Marco, Andrea Gritti, zu gedenken, der 1509 nach zäher Verteidigung die in der Liga von Cambrai zusammengeschlossenen europäischen Fürsten zur Aufgabe der Belagerung von Padua gezwungen hatte.

Der Sakralbau wurde in den Jahren 1510, 1704, 1754 und 1802 immer wieder Instandsetzungsmaßnahmen unterzogen, bis die Kirche 1818 schließlich in eine Osteria umgewandelt wurde. Aus den Tagebüchern von Cicogna ist zu erfahren, daß die Dienstboten lautstark »Un bocal alla Madona! Un bocal al Santissimo!« (Ein großes Glas auf die Muttergottes! Ein großes Glas auf den Allerheiligsten!) zu fordern pflegten. Heute erinnert nur mehr ein kleiner, in eine Hauswand eingelassener Altar mit dem Bild der Heiligen an die Kirche, die 1820 unansehnlichen Wohnhäusern weichen mußte.

Der Campanile, der die Kirche von dem gleichnamigen, parallel verlaufenden Kanal trennte, erhob sich in der Mitte ihrer Längsseite. Er war aus Ziegeln erbaut und durch Blendarkaden gegliedert. Im Druck von Jacopo de' Barbari läßt sich außerdem eine Glockenkammer erkennen, die sich in Drillingsarkaden öffnet, auf deren Ecken vier kleine Pinakel sitzen und die von einem kegelförmigen Dach abgeschlossen wird. Auch der Glockenturm wurde 1820 niedergerissen.

Santa Marta

Dorsoduro
zerstört

Kirche und Kloster von Santa Marta wurden mit dem angeschlossenen Hospiz im Jahre 1316 von der Benediktinerin Giacomina Scorpioni gegründet. Giacomina stammte aus dem Kloster San Lorenzo d'Ammiana und wurde bei der Etablierung des Konvents von Filippo Salomon und Marco Sanudo Torsello unterstützt. Zwischen 1466 und 1480 wurde die Anlage erneuert, die in ihren Grundformen heute in der Stazione Marittima zu sehen ist. Im folgenden Jahrhundert siedelten sich dort Augustinerinnen an. Nach der Auflösung des Klosterkomplexes von Santa Marta im Jahre 1805 wurden die Gebäude beschlagnahmt, um als Futterlager in den Besitz des Militärs überzugehen. Das Relief, das über dem Kirchenportal angebracht war und das die hl. Marta im Kreise ihrer Mitschwestern zeigt, wird heute in der Kirche Anzolo Rafael verwahrt, während sich ein weiteres Relief, das den Klostereingang schmückte und auf dem ebenfalls die hl. Marta abgebildet ist, im Pfarrhaus von Sant'Eufemia befindet.

In de' Barbaris Venedigansicht ist die einschiffige Kirche von einem Satteldach gedeckt; die Außenwände zieren in Doppelbögen endende Wandvorlagen. Das Bauwerk erhob sich auf dem *arzere* (Ufer), der der Kirche seinen Namen verdankt. Der Arzere di Santa Marta war über eine durch Anschwemmungen der Brenta entstandene Halbinsel mit dem Festland verbunden. Diese dicht bewaldete, wegen der zahlreichen Wölfe »Ponte dei Lovi« genannte Halbinsel wurde 1509 während der Auseinandersetzungen mit der Liga von Cambrai zerstört, um den Weg zwischen dem Festland und der Stadt abzuschneiden. Die Klosteranlage von Santa Marta war für das Kirchweihfest, die *sagra*, berühmt, die jedes Jahr im August am Vorabend des Festtags der hl. Marta begangen wurde. Die Feier ging auf die Gewohnheit der Fischer zurück, am Strand die zu dieser Zeit in der Lagune häufigen *sfogi* (Seezungen) zu grillen.

Der 1910 abgerissene Glockenturm trägt in der Darstellung von de' Barbari eine durch Zwillingsarkaden geöffnete Glockenkammer, die von vier kleinen, das Kegeldach umfangenden Pinakeln geschmückt wird. In der gleichen Form ist der Campanile im Druck von Domenico Lovisa wiedergegeben. Hingegen zeigt der Turm in einer Darstellung der *sagra* – die Zeichnung zu diesem Stich stammt von Canaletto – eine Kuppel.

San Martin

San Martino
Castello
Höhe: 22 m
elektromechanisch betriebene Glocken

> 48, 76, 79, 103, 121, 204

Die dem Patriarchen von Grado unterstellte Pfarrkirche San Martino wurde zugleich mit dem Campanile im Jahre 650 auf einer der Gemini-Inseln von vor den Langobarden fliehenden Bewohnern des Festlandes erbaut. Nach ihrer Zerstörung im 10. Jahrhundert wurden Kirche und Glockenturm im 13. Jahrhundert als Stiftung der Familien Valaressa und Saloniga wiederaufgebaut und zwar in der Form, wie sie bei de' Barbari zu sehen sind.

Der einfache Glockenturm war aus Backstein errichtet, trug eine Glockenstube mit Zwillingsarkaden sowie eine kegelförmige Spitze. Im Jahre 1540 wurden beide Bauwerke von Jacopo Sansovino erneuert. Der Glockenturm besteht aus einem Baukörper, der mit doppelten, bis zum Boden reichenden Wandvorlagen mit Flachbogenabschluß geschmückt ist. Die Glockenstube ist mit Biforien versehen, über denen ein Rundbogenfries mit einem Gesims aus istrischem Kalkstein verläuft. Den Abschluß des 1902 und 1973 restaurierten Turms bildet ein achteckiger Tambour, der gleichfalls mit einem umlaufenden Band aus gestelzten Ziegelbögen geschmückt ist.

San Maurizio

San Marco
zerstört

Die von der Familie Candiani, genannt Sanudo, gestiftete Kirche San Maurizio diente bis 1810 als Pfarrkirche und war dem hl. Hadrian gewidmet. Der Bau mußte nach Bränden in den Jahren 1105 und 1590 wiederaufgebaut werden und wurde ein weiteres Mal zwischen 1796 und 1806 nach dem Entwurf von Pietro Zaguri neu errichtet. Die Fassade nach dem Vorbild der zerstörten Kirche San Geminiano stammt von Antonio Diedo und Giannantonio Selva. Am 4. Mai 1820 konnte der Kirchenbau von Patriarch Monico geweiht werden.

Der in de' Barbaris Ansicht gezeigte Glockenturm entstand nach dem Brand von 1105. Er besteht aus einem Turmkörper, der mit doppelten Blendfeldern dekoriert ist, einer durch Drillingsarkaden geöffneten Glockenkammer sowie einer kegelförmigen Spitze, die von vier wahrscheinlich in der Gotik hinzugefügten Fialen gerahmt wird. Der Campanile ragte auf der der Kirche gegenüberliegenden Seite der *calle* (Gasse) empor, genauer gesagt an der Stelle, wo der Öl- und Mehlhändler Dionisio Bellavite später seinen Palazzo – er war mit Fresken von Paolo Veronese geschmückt – erbauen ließ. Der reiche Kaufmann zahlte an die Kirchengemeinde San Maurizio ab 1564 eine Pacht »pel campanile disfatto«, für den zerstörten Glockenturm. Im Jahr 1795 ließ Pfarrer Domenico Bertucci auf der Kirche einen einfachen Glockengiebel errichten.

San Michele

> 44, 72, **216**

San Moisè

San Marco
Höhe: 47 m
elektromechanisch betriebene Glocken

> 64, 174, 198

Die Pfarrkirche von San Moisè – als Stiftung der Familien Artigera und Scoparia 797 aus Brettern errichtet – war dem hl. Viktor geweiht. Mit den Mitteln von Moisè Venier wurde das alte Gebäude 947 durch einen neuen Kirchenbau ersetzt, der dem gleichnamigen Propheten Moses gewidmet war. Nach dem Brand von 1105 mußte der Sakralbau erneuert werden. Die heutige Kirche geht auf das Jahr 1628 zurück und entstand als Schenkung der Familie Fini nach dem Entwurf von Alessandro Tremignon. Tassini zufolge drang am 26. Mai 1752 ein Blitz durch die Aufhängung der Votivlampe und tötete den Priester und den Küster. Im Jahre 1878, so Tassini weiter, mußten einige Statuen der reich geschmückten Barockfassade entfernt werden, da sie herunterzufallen drohten. In der Kirche San Moisè feierte der hl. Ignatius von Loyola, der Gründer des Jesuitenordens, die Messe, und Giambattista Piranesi, der Neffe von Giovanni Scalfarotto, wurde dort getauft.

Der Glockenturm ist in de' Barbaris Vedute nicht sehr hoch. Über dem glatten Turmkörper ruht eine in Drillingsarkaden geöffnete Glockenstube. Abgeschlossen wird das Klanggeschoß von einem Bogenfries und einem ziegelgedeckten, flachen Pyramidendach, das jenem von San Niccolò dei Mendicoli ähnlich gewesen sein muß. Heute erhebt sich an der gleichen Stelle ein schmalerer Campanile, dessen Baukörper durch doppelte Wandvorlagen gegliedert ist. Ein Gesims aus istrischem Kalkstein setzt den Backsteinbau von der Klangarkade ab, die durch Biforien geöffnet ist. Auf der Höhe der Kämpferplatten verläuft ein weiteres Gesims aus weißem Stein. Bekrönt wird das Glockengeschoß von einer Kalksteinbalustrade, die auf einem Bogenfries aufsitzt und die den polygonalen Tambour rahmt. Die Wände des Ziegeloktogons sind alternierend durch Öffnungen und Nischen strukturiert. Über einem weit ausladenden Dachgesims bildet eine konische Spitze den Turmabschluß. Der Campanile von San Moisè repräsentiert – den Erläuterungen von Lorenzetti zufolge – die Form der venezianischen Glockentürme des 14. Jahrhunderts. Würde man Lorenzettis Ausführungen Glauben schenken, hätten wir es hier vielleicht mit einem ersten Fall von Unaufmerksamkeit Jacopo de' Barbaris zu tun.

San Nicolò da Tolentino

Santa Croce
Höhe: 47 m
elektromechanisch betriebene Glocke

> 104, 151

Im Jahre 1527 flohen die Theatinermönche aus Rom nach Venedig. 1528 gründeten San Gaetano da Tiene und Giovanni Pietro Caraffa, der spätere Papst Paul IV., im Kirchensprengel von San Pantalon ein dem hl. Nikolaus von Tolentino gewidmetes Oratorium. Der Orden beauftragte 1590 Vincenzo Scamozzi mit dem Bau der Kirche, entzog ihm aber 1592 die Aufgabe, um die Arbeit ohne ihn fortzusetzen. 1602 weihte der Patriarch von Venedig, Lorenzo Priuli, den Bau. Die zu dieser Zeit noch unbearbeiteter Fassade wurde zwischen 1707 und 1714 von Andrea Tirali als großartige Vorhalle mit einer korinthischen Tempelfront gestaltet.

Der auf das frühe 18. Jahrhundert zurückgehende, aus Ziegelstein erbaute Campanile ragt an der Seite der Kirche empor. Die Glockenkammer wird durch ein weißes Kalksteingesims abgesetzt und öffnet sich in Zwillingsarkaden mit gestelzten Bögen und Kämpfergesims. Der oktogonale Tambour wird von einer Säulenbalustrade aus istrischem Kalkstein gerahmt. Den Turmabschluß bildet eine zwiebelförmige, bleigedeckte Kuppel.

> 150, **196**

San Nicolò dei Mendicoli

Ognissanti

Dorsoduro
Höhe: 40 m
handbetriebene Glocken

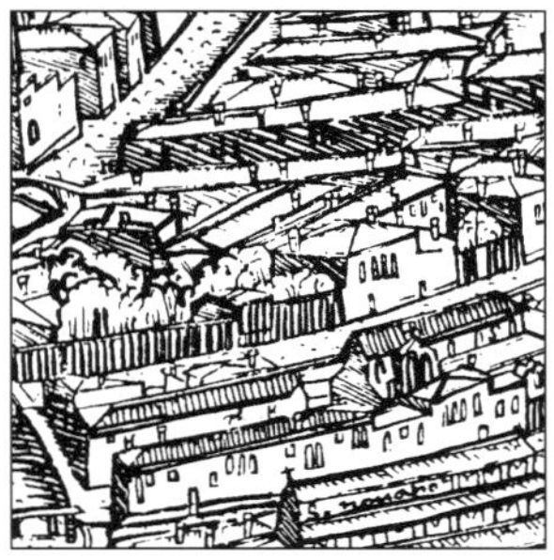

Als die Insel Torcello wegen der Malaria-Gefahr unbewohnbar geworden war, siedelten einige Nonnen des dortigen Klosters Santa Margherita in den Kirchensprengel von San Trovaso über. Dort besaßen die Ordensschwestern eine Reihe von Häusern, die sie in ein kleines Kloster umwandelten. Dem fügten sie eine der Jungfrau Maria und allen Heiligen (Ognissanti) gewidmete Kirche hinzu. 1496 verlieh Papst Alexander VI. den Nonnen die Privilegien und die Indulte der Bruderschaft von San Cassino. Dank der Spenden für das Bild der Wundertätigen Jungfrau konnte 1505 mit dem Bau einer neuen Kirche begonnen werden. Am 25. Februar desselben Jahres kamen – so lautet der Bericht von Sanudo – »con gran strepito« (mit großem Aufsehen) der Patriarch und die *avogadori* (Gemeindeadvokaten) Hieronimo Querini und Antonio Giustinian, ein Arzt, in das Kloster um festzustellen, daß die Äbtissin und einige Nonnen von dem Priester Francesco Perseghin geschwängert worden waren. Die Ordnung wurde wiederhergestellt, so daß Patriarch Antonio Contarini im Jahre 1518 vierzehn Nonnen des Klosters Ognissanti auswählte, um sie zur Reformierung der Klöster San Biagio und San Cataldo auf der Giudecca zu entsenden.

Der Campanile besteht aus einem Turmkörper aus Ziegel, der allseitig durch eine einzelne Rundbogenblende gegliedert und von einem auskragenden Gesims abgeschlossen wird. Darauf ruht die Glockenkammer mit Biforien, die gleichfalls von einem weißen Gesims bekrönt wird. Eine Brüstung aus istrischem Kalkstein vermittelt am Übergang zum oktogonalen Tambour, den eine bleiverkleidete Zwiebelkuppel deckt. Indessen schließt der Campanile in de' Barbaris Holzschnitt mit einer Flachkuppel ab.

San Pantalon

Dorsoduro
Höhe: 47 m
handbetriebene Glocken

> **103, 150**

Der in der zweiten Hälfte des 13. Jahrhunderts in Nikomedia geborene Arzt Pantalone wurde in Venedig durch Carlo Goldoni berühmt. In dieser Zeit weihte man ihm eine kleine Kirche am heute zugeschütteten Rio delle Mosche, die mitsamt dem Glockenturm in de' Barbaris Ansicht abgebildet ist. Am 7. Mai 1668 wurde auf Wunsch des Pfarrers der Grundstein für eine neue, wesentlich größere, dem Platz zugewandte Kirche gelegt, die nach dem Entwurf von Antonio Comin 1686 vollendet war. Der Plan ähnelt jenem von Vincenzo Scamozzi für die Kirche San Nicolò da Tolentino. Die Fassade ist unvollendet, aber den Schilderungen von Moschini zufolge hatte sich Antonio Comin diejenige der Kirche Il Redentore zum Vorbild genommen. Bei allem Respekt gegenüber der palladianischen Strenge erinnert der Entwurf an die von Giuseppe Sardi für San Lazzaro dei Mendicanti gestaltete Schauseite.

Der Glockenturm wurde in der Form, wie er bei de' Barbari dargestellt ist, zum ersten Mal 1009 zusammen mit der ersten Kirche erbaut. Nach einer Renovierung im Jahr 1225 stürzte der Campanile 1511 während eines Erdbebens ein. Der Turmkörper aus Backstein war mit doppelten, in kleinen Doppelbögen endenden Rundbogenblenden versehen. Die Glockenstube öffnete sich in Form von Drillingsarkaden, in die Balustraden aus istrischem Kalkstein eingestellt waren. Das Klanggeschoß wurde von kleinen Zinnen überragt, die den achteckigen Tambour mit der kegelförmigen Spitze umfingen.

Der gegenwärtige, zwischen 1704 und 1732 wiederaufgebaute Campanile aus Backstein wird Giovanni Antonio Scalfarotto zugeschrieben und besteht aus einem Turmkörper mit doppelten Wandvorlagen, die sich in Rundbögen schließen. Der Übergang zum Klanggeschoß wird durch ein auskragendes Kranzgesims aus istrischem Kalkstein betont, auf dem die Glockenkammer mit zu allen Seiten jeweils einer Öffnung aufsitzt. Über dem Arkadengeschoß erhebt sich ein hoher, runder Tambour, dessen Außenmauern durch Nischen strukturiert sind. Er ist mit einer steilen, mit Bleiplatten gedeckten Kuppel geschlossen.

San Paternian

San Paterniano
San Marco
zerstört

Einer Legende zufolge stiftete die Familie Andreada im neunten Jahrhundert eine dem Bischof und Heiligen Paterniano geweihte Holzkirche. Im Jahre 890 war sein Bild von der Mark Ancona nach Venedig gelangt, das fortan in einem Tabernakel verehrt wurde. San Paternian war von Beginn an Pfarrkirche und erhielt 954 von dem Dogen Candiano IV. beträchtliche Güter. Nach einem Brand im Jahre 976 entstand zwischen 1005 und 1068 ein Neubau mit acht Säulen aus griechischem Marmor, die aus Konstantinopel in die Lagunenstadt transportiert worden waren.

Eine weitere Modernisierung erfolgte 1437, als eine dreischiffige Anlage mit sieben Altären entstand. Schließlich wurde die Kirche 1810 geschlossen und 1871 abgerissen.

Der 999 errichtete, freistehende Campanile war nach jenem von San Marco der älteste Glockenturm in Venedig. Er gilt als ein bedeutendes Beispiel für die Baukunst des 10. Jahrhunderts und »war mit meisterlichem Können, aus hart gebrannten Ziegeln und beständigem Mörtel für die erwiesene Gnade von einigen venezianischen, aus der Gefangenschaft der Sarazenen entkommenen Handwerkern erbaut worden«, wie in der »Gazzetta Urbana di Venezia« vom 21. Juli 1787 zu lesen war. Der Turm auf fünfeckigem Grundriß trug eine mit Biforien versehene Glockenkammer, die sich allerdings zum *campo* hin durch ein quadratisches Fenster öffnete. Das gleichfalls fünfeckig angelegte Dach war von einem Metallkreuz bekrönt. In der Stadtansicht von Jacopo de' Barbari erscheinen sowohl der Campanile, als auch die Spitze niedriger als in anderen auf uns gekommenen Darstellungen. Der Glockenturm wurde – trotz heftiger Kritik und trotz seines nach wie vor guten Zustands – 1871 abgetragen. An seiner Stelle errichtete man das umstrittene, am 22. März 1872 enthüllte Monument für Daniele Manin.

San Pietro di Castello

> 48, 78, **96**, 139, 204

San Polo

San Paolo
San Polo
Höhe: 26 m
handbetriebene Glocken

> 42, 64, 151

Im Jahre 837 gründeten die Dogen Pietro und Giovanni Tradonico die Kirche von San Polo, die nach Modernisierungsmaßnahmen 1838 von Patriarch Monico neu geweiht wurde. Der Sakralbau des 15. Jahrhunderts von ursprünglich gotischem Gepräge war 1804 im Innenraum von dem Architekten Davide Rossi im Stile des Neoklassizismus umgestaltet worden. Am Außenbau blieb das Spitzbogenportal erhalten, geschmückt mit Engeln, die eine Schriftrolle tragen. Gleichfalls wurden die gotische Kreuzblume, die darüber aufgestellte Büste des hl. Paulus – sie wird der Werkstatt des Bon zugeschrieben – sowie eine die Fassade zierende Rosette bewahrt.

Der 1362 errichtete und unter der Bauleitung des *procuratore* Filippo Dandalo vollendete Campanile ragt, wie alle älteren Glockentürme ein wenig abgerückt, an der Seite des Kirchenbaus empor. Er verkörpert den Typus eines venezianischen Campanile des 14. Jahrhunderts und entspricht jenem in de' Barbaris Druck gezeigten Turmbau: In den Sockel aus istrischen Steinquadern sind zwei romanische Marmorlöwen integriert, von denen der eine einen mit menschlichen Zügen versehenen Kopf trägt, während der andere eine Schlange zwischen den Klauen hält. Der volkstümlichen Tradition zufolge stehen die beiden Bildwerke in Zusammenhang mit der Geschichte des Feldherrn Graf von Carmagnola, der 1432 geköpft wurde.

Den Erneuerungsarbeiten von 1884 folgten 1909 Restaurierungsmaßnahmen an der Turmspitze und am Klanggeschoß. Der Baukörper aus Ziegel wird von Rundbogenblenden strukturiert und trägt eine Glockenkammer mit Drillingsarkaden. Die aus Ziegel errichteten Bögen sind gestelzt und werden von kleinen Säulen mit Würfelkapitellen aus istrischem Stein gestützt. Das Arkadengeschoß schließt mit einem Rundbogenfries aus Backstein ab, dessen kleine Bögen auf Konsolen aus istrischem Stein aufliegen. Darüber erhebt sich ein auskragendes Kranzgesims, das von einem weißen Geländer überragt wird. Die Balustrade leitet in die Zone des achteckigen, durch Blendnischen gegliederten Tambours über, den die typische konische Spitze bekrönt.

San Provolo

Castello
zerstört

Die Kirche San Provolo wurde vermutlich im Jahre 814 von der Familie der Partecipazi gestiftet. Die Äbtissin des benachbarten Klosters San Zaccaria wählte die Priester aus. Für die erste Erneuerung des Sakralbaus im Jahre 1384 übernahm Amedeo Buonguadagni, der Kanzler des Dogen, die Kosten. Weitere Umgestaltungen erfolgten 1477 und 1504. Im Jahre 1600 wurde das Gebäude noch einmal instand gesetzt und 1642 unter der Äbtissin Angelina Foscarini erneuert. Nach seiner Aufgabe am 30. März 1808 gingen die Gebeine der dort Bestatteten zum Teil verloren, während die meisten ins Friaul überführt wurden. Anstelle von Kirche und Glockenturm stehen heute auf dem Grundstück ein Privathaus und eine Osteria.

Der bei Jacopo de' Barbari zu erkennende Campanile ist jener aus dem Jahr 1384. Der massive Turmbau ist verputzt. Die Glockenstube öffnet sich auf allen Seiten durch Drillingsarkaden und schließt mit dem unmittelbar aufsitzenden Pyramidendach ab. Ein berühmtes Epigramm weiß von einem Signor Procolo zu erzählen, der von einer von diesem Turm herabgestürzten Glocke erschlagen wurde.

Redentore

Giudecca
Höhe: 48 m
mechanisch betriebene Glocken

> 28, 36, 81, 119, 138, 187

Fiorenza Corner und Teodosia Scripiana errichteten auf der Giudecca eine der hl. Maria der Engelsscharen (Santa Maria degli Angeli) gewidmete Kirche ebenso wie einen dazugehörigen Konvent. Diesen überließen sie 1541 Fra Bonaventura degli Emmanueli, einem Minoritenobservanten, der dort Kapuzinermönche ansiedelte. Als der Häretiker Fra Bernardino Occhino 1546 die Mönche vertrieb, fanden die Frates Unterschlupf in den Holzgebäuden des Klosters von Sant'Angelo, gleichfalls auf der Giudecca, auf dem Monte dei Corni gelegen. Sie blieben dort zwei Jahre lang, bis im Jahr 1548 der Häretiker vertrieben wurde und die Kapuziner zu ihrem Ordenssitz zurückkehren konnten.

Während der Pest von 1575 gelobte die Republik, daß, wenn Venedig von der Geißel dieser Seuche befreit werden würde, dem Erlöser (Il Redentore) eine Basilika zu erbauen sei. 1577 wurde Andrea Palladio mit der Errictung der Kirche auf der Guidecca beauftragt, der als Entwurf einen Zentralbau vorsah. Dieser sollte allerdings nicht verwirklicht werden, da er sich zu stark an das Pantheon in Rom, also an ein »heidnisches« Gebäude, anlehnte. Von Palladios Vorstellungen ließ sich jedoch Scamozzi 1581 inspirieren, als er für die Celestia-Kirche einen modernen Rundbau plante, der nach bereits begonnenen Arbeiten 1661 von den Nonnen eingerissen wurde. Bevor Venedig eine als Zentralbau errichtete Kirche vorweisen konnte, mußte die Stadt auf die Salute-Kirche von Baldassare Longhena aus dem Jahre 1631 warten. Il Redentore wurde 1592 – Palladio war längst verstorben – von *proto* Antonio da Ponte vollendet und anschließend geweiht. Der Grundriß besteht aus einem Hauptschiff, das zu beiden Seiten von untereinander verbundene Kapellenreihen flankiert wird. An die quadratische Vierung mit abgeschrägten Ecken schließen sich drei Apsiden an, von denen die mittlere im Chor ihre Fortsetzung findet. Vierung und Apsiden spiegeln die Grundform der Kuppel wider.

Die beiden identisch gestalteten, kleinen Glockentürme auf kreisförmigem Grundriß sind verputzt. Beide tragen eine Glockenkammer, die von zwei Kranzgesimsen aus istrischem Stein eingefaßt wird und die sich durch sechs rundbogige Fenster öffnet. Jedes Türmchen schließt mit einer sehr hohen, konischen Spitze ab. Diese architektonischen Motive erinnern an die Campanili der Kirche Santa Giustina in Padua und mehr noch an die schlanken Minarette der Moscheen in Byzanz: Hier zeigt sich Venedig in mehrfacher Hinsicht als »Tochter von Byzanz«.

San Rocco

San Polo
Höhe: 29 m
handbetriebene Glocken

Die 1489 nach einem Entwurf von Bartolomeo Bon begonnene Kirche wurde 1508 von Alerio, Bischof von Chisamo, geweiht. Von dem ursprünglichen Bau sind die Apsiden und Reste des Hauptportals über dem Seiteneingang erhalten geblieben. Nachdem San Rocco 1695 einzustürzen drohte, errichtete Giovanni Scalfarotto im Jahre 1725 einen neuen Kirchenbau. Zwischen 1765 und 1771 führte Bernardino Maccaruzzi die Fassade aus. Nach dem Ende der Pest der Jahre 1575/76 – dank der Fürbitte des hl. Rochus – begaben sich Doge und Signoria jedes Jahr am Festtag des Heiligen in einer Prozession nach San Rocco, um dort die Messe zu besuchen und Blumensträußchen zu empfangen.

Der Campanile ist in der Vedute von Jacopo de' Barbari nicht dargestellt. Indessen erläutert Levi, daß der Turmbau 1494 von Bartolomeo Bon errichtet worden sei. Der gegenwärtige Glockenturm aus Backstein erhebt sich direkt auf der Kirche. Die Glockenstube öffnet sich durch Zwillingsarkaden und wird von einem Bogenfries geschmückt. Den Turmabschluß bildet ein ziegelgedecktes Pyramidendach mit einer Gaupe.

Romite

Eremite di San Giuseppe
Dorsoduro
Höhe: 13 m
Glocken außer Betrieb

Dank der Spenden des hl. Donadoni konnten die Augustinerinnen – sie verfügten bis dahin über einige oberhalb der Kirche von San Trovaso gelegene Zellen – 1639 die Jesus, Maria und Joseph geweihte Kirche der Eremiten und den angeschlossenen Konvent gründen. Die einschiffige Kirche, ein Werk von Giovan Battista Lambranzi, wurde von der Vierung der Kirche Il Redentore inspiriert. Der Hauptaltar trennt den öffentlichen Bereich des Innenraums und den Chor, der den in Klausur lebenden Nonnen vorbehalten und über zwei seitliche Zugänge erreichbar war. Ein weiterer Sakralbau mit einer ähnlichen Unterteilung in öffentliche und »private« Bereiche ist die Benediktinerinnenkirche San Lorenzo, die – gleichfalls von der Architektur Palladios beeinflußt – zwischen 1580 und 1602 von Simone Sorella ausgeführt wurde.

Laura Corner – aus dem Familienzweig der Ca' Granda und Witwe des Dogen Johannes II. Corner aus der Linie von San Polo – zog sich ins Kloster der Romite zurück, wo sie am 3. Mai 1729 verstarb. Kirche und Konvent wurden 1810 aufgegeben. Am 2. Juli 1863 siedelten sich die Canossiane, eine Ende des 18. Jahrhunderts von der Marchesa Maddalena di Canossa gegründete Religionsgemeinschaft, die sich der Erziehung junger Mädchen widmete, hier an. 1922 entstand in den Gebäuden das Istituto Magistrale, eine Ausbildungsstätte für Grundschullehrerinnen. Heute präsentiert sich die Anlage in restauriertem Zustand – die Arbeiten wurden anläßlich das Heiligen Jahres durchgeführt – und dient mit neunzig Zimmern den Studentinnen der Universität als Wohnheim.

Der Glockenturm aus verputzten Ziegeln trägt eine von zwei weißen Kalksteingesimsen eingefaßte Glockenstube, sie sich zu jeder Seite durch einen Rundbogen öffnet. Darüber erhebt sich ein schmaler oktogonaler Tambour, den eine bleiverkleidete Kuppel mit einer Kugel und einem Kreuz als Spitze bekrönt.

Salute

Santa Maria della Salute
Dorsoduro
Höhe: 48 m
mechanisch betriebene Glocken

> 15, 37, 61, 63, 99, 120 154, 182, 199

Die Salute-Kirche, ein Hauptwerk von Baldassare Longhena, das er im Alter von 26 Jahren schuf, wurde zwischen 1631 und 1687 zu Ehren der Jungfrau Maria errichtet. La Salute geht auf ein Pestgelübde der Signoria zurück, die an der Stelle eine Votivkirche erbauen ließ, an der einstmals die der Heiligen Dreifaltigkeit, der Santa Trinità, gewidmete Sakralanlage stand. Die Republik hatte Kloster und Kirche von Santa Trinità 1256 den Deutschen Rittern als Dank für deren Unterstützung im Krieg gegen die Genuesen überlassen. 1592 löste Papst Klemens VIII. das Priorat auf und übergab die Gebäude dem Patriarchen von Venedig, um dort das Patriarchalseminar einzurichten. Zu beiden Seiten des Chors erhebt sich ein Turm, der die Glocken in sich birgt und zugleich statische Funktionen innehat, indem er der Schubkraft der Kuppeln entgegenwirkt. Wie der gesamte Kirchenbau weiß verputzt, fügen sich die Glockentürme bis zur Dachhöhe in die architektonische Anlage ein. Der untere Turmabschnitt, gerahmt von einem Steinband mit Zahnschnitt, ist jeweils durch doppelte Rundbogenblenden gegliedert. Die Glockenkammer öffnet sich in Zwillingsarkaden. Auf dem Klanggeschoß setzen vier Segmentgiebel auf, die zum runden Tambour überleiten. Darüber erhebt sich die mit Bleiplatten verkleidete Kuppel, die von einer Laterne bekrönt wird. Die beiden kleinen Turmkuppeln reflektieren die Formen der alles überragenden Monumentalkuppeln.

San Salvador

> 65, 104, **158**, 206, 218

San Samuele

San Samuele Profeta
San Marco
Höhe: 28 m
Glocken außer Betrieb

> 183, 198, 213

Die ursprünglich dem hl. Matthäus geweihte Kirche wurde im Jahre 1000 von der Familie Boldù gestiftet. Nach dem Brand des Jahres 1105 und jenem von 1170 wiederaufgebaut, wurde der Sakralbau ein weiteres Mal 1683 neu errichtet. Darauf weisen zumindest die jüngsten Grabungen hin, im Zuge derer ein Mosaikfußboden aus dem 10. Jahrhundert ans Licht gekommen ist. Er ist aus weißen und schwarzen *tessere* (Glassteinchen) gesetzt und zeigt frühchristliche symbolische Figuren. Im Jahre 1810 wurde San Samuele Sakramentsoratorium von Santo Stefano. 1952 erfolgte ein Umbau, der insbesondere die Fassade und die große Öffnung der Loggia im oberen Geschoß betraf. Der Campanile geht auf das 11. Jahrhundert zurück. Er entstand zugleich mit der ersten Kirche, wurde im 12. Jahrhundert instand gesetzt und konnte die romanische Bauweise bewahren, wie auch der Darstellung in de' Barbaris Venediganansicht zu ent nehmen ist: Rechts von der Fassade an die Kirchenflanke gerückt, ragt der Ziegelbau empor. Der Turmkörper ist mit Rundbogenblenden geschmückt, die in kleinen Doppelbögen auslaufen. Die Glockenkammer öffnet sich auf jeder Seite durch teilweise vermauerte Drillingsarkaden, deren gestelzte Bögen auf kleinen, in istrischem Stein gefertigten Säulen mit Würfelkapitellen ruhen. Unterhalb der bleiverkleideten Pyramidenspitze verläuft ein kleinteilig gearbeiteter Bogenfries, dessen weiße Konsolsteine Farbakzente setzen.

Scalzi

Santa Maria di Nazareth
Cannaregio
elektromechanisch betriebene Glocken

> 43, 64, 110

Der Priester Arcangelo da Gesù Maria, ein reformierter Karmeliter der hl. Theresa, erhielt am 6. Mai 1633 vom Senat die Erlaubnis, zunächst in San Canciano, 1635 auf der Giudecca und wenig später in der alten Abtei von San Gregorio ein Hospiz und schließlich ein Kloster zu bauen. 1649 erwarb er ein Grundstück im Kirchensprengel von Santa Lucia, auf dem er ein der hl. Maria von Nazareth geweihtes Kirchlein errichten ließ, das der Patriarch Francesco Morosini segnete. Das Bildnis der hl. Maria von Nazareth wurde vom Lazzareto Vecchio, dem alten Seuchenhospiz, in die neue Kirche gebracht. Im Jahre 1680 legte man die Fundamente des gegenwärtigen, nach dem Entwurf von Baldassare Longhena ausgeführten Kirchenbaus. Die Mittel für den Neubau stiftete Graf Cavazza, und 1705 konnte die Kirche geweiht werden.

Die Anlage besteht aus einem von Kapellenreihen flankierten Hauptschiff. Die 1672 nach den Plänen von Giuseppe Sardi begonnene, prächtige Fassade beeindruckt durch ihren Reichtum an besonders wertvollem Marmor. Die zweigeschossige Front ist durch zwei übereinanderliegende Ordnungen strukturiert, wobei die Säulen paarweise gruppiert sind. Die freistehenden Säulen bestimmen Anlage und Ausdehung der Nischen. Selbst den darin eingestellten Statuen kommt, wie allen Fassadenelementen, eine gliedernde Funktion zu. Auch wenn die Schauseite der Kirche aufgrund des vielgestaltigen Dekors und der zahlreichen Statuen beinahe überladen wirkt, so handelt es sich doch um ein geglücktes, da in den Proportionen ausgeglichenes Beispiel des venezianischen Barock mit seinem klassizierenden Formenspiel. Das von Gian Battista Tiepolo 1743 geschaffene Deckenfresko mit der Darstellung der Verlagerung des Heiligen Hauses von Nazareth nach Loreto wurde durch eine Brandbombe in der Nacht des 17. Oktober 1915 zerstört. 1934 ersetzte Ettore Tito das Deckengemälde durch Wandmalereien, die die Bekanntgabe der Mutterschaft der Jungfrau vor dem Konzil von Ephesos zeigen.

Der nach Plänen von Baldassare Longhena gestaltete Campanile erhebt sich nahe der Choranlage: ein glatter Ziegelbau mit einer Glockenkammer, die auf jeder Seite eine Rundbogenöffnung aufweist und mit einer bleigedeckten Zwiebelkuppel über einem oktogonalen Tambour abschließt.

San Sebastiano

Dorsoduro
Höhe: 36 m
handbetriebene Glocken

> 150, 199

Fra Angelo da Corsica, Mitglied der Kongregation des hl. Hieronymus, gelangte nach Venedig und gründete 1393 ein Hospiz, dem er 1396 ein der Santa Maria Piena di Grazia e Giustizia, der gnadenreichen und gerechten hl. Jungfrau Maria, geweihtes Oratorium anfügte. 1455 wurde das Oratorium in eine weite, dem hl. Sebastian gewidmete Kirche umgebaut, die Scarpagnino zwischen 1506 und 1548 in den gegenwärtigen Sakralbau verwandelte. 1562 weihte Gian Francesco de Rossi, Bischof von Auria in Thrakien, die Kirchenanlage feierlich ein. 1810 wurde San Sebastiano Filialkirche von San Trovaso.

Einer Legende zufolge soll sich Paolo Caliari, genannt Veronese, als Gast seines Freundes, des Priors Padre Bernardo Torlioni, in den Konvent geflüchtet haben, nachdem er in einer Liebesangelegenheit seinen Rivalen ermordet hatte. Die Kirche San Sebastiano ist mit einigen seiner bekanntesten Gemälden ausgestattet, die er zwischen dem 22. November 1555 und dem Jahr 1570 ausgeführt hat. Am 20. April 1588 wurde der Maler dort bestattet.

Der Ziegelglockenturm auf quadratischem Grundriß weist Züge lombardischer Baukunst auf. Wie auf einem am Sockel eingemauerten Gedenkstein zu lesen ist, wurde der Campanile zwischen dem 4. März 1544 und dem 21. Mai 1546 errichtet und war ursprünglich mit einer zapfenförmigen Spitze versehen, die mit farbig glasierten Ziegeln bedeckt war. Um ihm Stabilität zu verleihen, ruht der Turm auf einem ausgestellten Sockel. Der Baukörper wird von Rundbogenblenden akzentuiert und trägt eine Glockenstube mit Biforien. Ein weißes Gesims betont die Klangarkade, während den oberen Abschluß ein Bogenfries bildet. Auf dem darüber weit auskragenden Kranzgesims ruht eine Säulchenbalustrade aus istrischem Kalkstein. Der durch Nischen plastisch modellierte achteckige Tambour wird von einer Zwiebelkuppel bekrönt.

San Severo

Castello
zerstört

Die Kirche von San Severo entstand während der Regierungszeit des Dogen Agnello Partecipazio zwischen 811 und 827. Nach dem Brand von 1105 wurde der Sakralbau neu errichtet. Romana Parteciaca wies die Kirche San Severo der von ihr gegründeten Abtei San Lorenzo zu, und den Nonnen des Klosters oblag die Wahl der vier Kaplane, die darin die Messe feierten. Cicogna zufolge ließ der Senat zu Beginn des 15. Jahrhunderts über den Fassadenportalen der dreischiffigen Kirche zwei Markuslöwen aufstellen.

In der Ansicht aus der Vogelschau von Jacopo de' Barbari erscheint der Glockenturm mit einem Ziegelkörper, der von doppelt angelegten Rundbogenblenden gegliedert ist. Die Glockenkammer ist mit Drillingsarkaden ausgestattet und wird von einer konischen Spitze überragt, die von vier Fialen gerahmt wird. Der Campanile erhebt sich neben der Fassade auf dem Campo San Severo, der an den gleichnamigen Kanal angrenzt.

Sansovinos Beschreibung zufolge bewahrte der Turm Form und Erscheinung des 12. Jahrhunderts: »Assai ragguardevole per l'antica forma è il piccolo tempio di San Severo.« (Recht ansehnlich wegen des antiken Aussehens ist der kleine Tempel von San Severo.) Nach ihrer Auflösung am 12. April 1813 wurde die Kirche gleichzeitig mit dem Glockenturm im Jahre 1829 eingerissen, um einem österreichischen Gefängnis für italienische Staatsbürger Platz zu machen. Das Gefängnis war bis 1929 in Betrieb, und Teile des Gebäudes sind bis heute erhalten.

San Silvestro

San Polo
Höhe: 47 m
handbetriebene Glocken
> 65, 104, 151, 221

Bei der Kirche San Silvestro muß es sich um eine sehr alte Gründung handeln, da der Sohn des Dogen Orso I. Partecipazio, gewählt im Jahre 884, dort zum Priester gemacht wurde. Der von der Familie Giulia gestiftete Sakralbau stand unter der Jurisdiktion der Patriarchen von Grado, deren Palazzo – nicht weit von der Kirche entfernt am Canal Grande gelegen – Vittore Carpaccio in seinen für die Scuola di San Giovanni Evangelista bestimmten Gemälden wiedergegeben hat. Flaminio Corner berichtet, daß die Kirche 1422 wiederaufgebaut worden sei, wobei man das Oratorium von Ognissanti, 1177 von Papst Alexander III. geweiht, einbezog. Nachdem der Sakralbau im 18. Jahrhundert instand gesetzt worden war, wurde zwischen 1837 und 1843 eine neue Anlage nach den Plänen von Lorenzo Santi und Giovanni Battista Meduna errichtet.

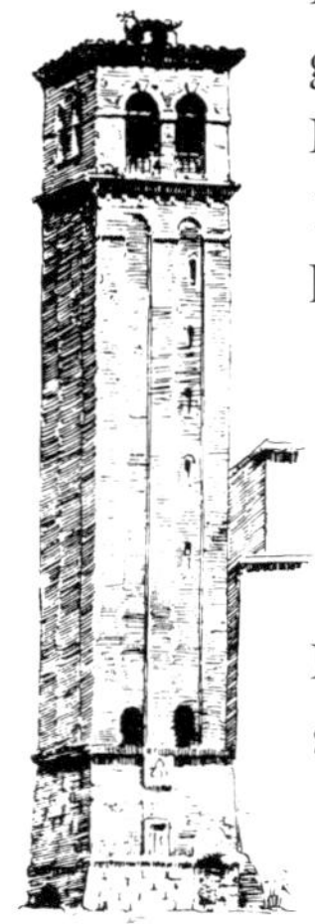

Der zugleich mit der ersten Kirche entstandene Glockenturm ist bei de' Barbari nicht abgebildet. Der Campanile war am 25. Januar 1347 eingestürzt und 1422 neu aufgebaut worden. Nach Restaurierungsmaßnahmen im Jahre 1840 erscheint er heute mit einem Turmkörper aus Backstein, den doppelte Rundbogenblenden schmücken. Oberhalb des Sockels aus weißen Kalksteinquadern weist der Bau zwei Öffnungen sowie fünf kleine übereinanderliegende Fenster auf. Die Glockenkammer ist mit Biforien ausgestattet, und auf der Klangarkade ruht ein ziegelgedecktes, flaches Pyramidendach, in das eine Gaupe eingefügt ist.

San Simeon Grando

San Simeone Profeta
Santa Croce
Höhe: 23 m
handbetriebene Glocken
> 64, 127, 191

San Simeon Grando – nicht zu verwechseln mit der nahegelegenen Kirche San Simeone e Giuda – geht auf eine Stiftung der Familien Ghisi, Aoldo und Briosa zurück und wurde 967 errichtet. Der Sakralbau erfuhr zahlreiche Umgestaltungen. Laut eines Urteils des Magistrato alla Sanità, der Gesundheitsaufsichtsbehörde, mußte der alte Fußboden Ende des 17. Jahrhunderts überdeckt werden, da 1630 ein Leprakranker darunter bestattet worden war. Bei Restaurierungsarbeiten im Jahre 1860 stieß man auf alte Grabsiegel. 1861 wurde die Fassade erneuert. Wie Gallicioli berichtet, stürzte am 18. März 1795 ein Stück der Kirchendecke herab und erschlug die in ihren Gebeten versunkene Adelige Lucrezia Cappello. Bei de' Barbari erhebt sich der Glockenturm freistehend mitten auf dem Campo. Den Backsteinbau gliedern vom Boden ausgehende Blendbögen. Die durch Gesimse in istrischem Stein abgesetzte und durch ein Pyramidendach gedeckte Glockenkammer öffnet sich in Drillingsarkaden. Insgesamt wirkt der Campanile in der Darstellung von de' Barbari höher und wesentlich massiver als der gegenwärtige Turmbau, der heute allerdings zwischen den dem Seiteneingang der Kirche gegenüberliegenden Häusern eingezwängt ist. Sein Ziegelkörper ist auf jeder Seite mit vier Blendfeldern versehen. Die von zwei weißen Steingesimsen gerahmte Glockenkammer öffnet sich in Biforien. Der auf die Klangarkade aufgesetzte achteckige Tambour ist schmaler gestaltet, durch Blendnischen strukturiert und stützt die bleiverkleidete Zwiebelkuppel.

San Simeon Picolo

San Simeone e Giuda
Santa Croce
Höhe: 3 m über dem Dachgesims der Kirche
handbetriebene Glocken

Die mit den Mitteln der Familien Aoldo und Brioso im 11. Jahrhundert errichtete Kirche erlebte eine Reihe von Umgestaltungsmaßnahmen, die sich anhand von drei übereinanderliegenden Fußböden dokumentieren ließen. Die drei Schichten wurden 1718 während der Abrißarbeiten für den Neubau der Kirche entdeckt. Der Entwurf stammte von Giovanni Scalfarotto, und es handelte sich, wie Elena Bassi schreibt, um »eine Kirche, die ihrer Zeit voraus war, so rein und einfach im Innern und am Außenbau«. Der Neubau von San Simeon Picolo war vom Pantheon inspiriert. Anders als die der Fassade von San Nicolò da Tolentino angefügte Vorhalle von Andrea Tirali wurde der Vorbau hier nun klassischer gestaltet. Im Innenraum offenbaren sich palladianische Motive, während die Auffassung von Licht und Schatten auf den Einfluß von Andrea Tirali hinweist. Die seltsam übergangslos und abrupt aufgesetzte Kuppel ruft die Capricci von Canaletto ins Gedächtnis. Zugleich erscheint das Gebäude als Manifestation der Freimaurerbewegung in Venedig, was sich in besonderem Maße in der Anlage der Krypta ausdrückt. Der 1720 begonnene Kirchenbau konnte dank der Mittel, die ein Pfarrer namens Manera mit Hilfe eines dem Lotto ähnlichen Spiels gesammelt hatte, am 27. April 1738 geweiht werden.

De' Barbari zeigt den Campanile als schweren, von der Kirche abgerückten Turm, auf dem eine durch Biforien geöffnete und von einem Pyramidendach geschlossene Glockenkammer ruht. Der hier dargestellte ist der Vorgängerbau des Glockenturms von Giovanni Scalfarotto. Der heutige Glockenturm erhebt sich hinter der Kirche und kann lediglich vom Nachbarhof aus betrachtet werden. Den Turmabschluß bildet eine abgeflachte, mit bleigedeckte Kuppel.

Santa Sofia

Cannaregio
Höhe: 19 m
handbetriebene Glocken

> 111, 142, 222

Die 1020 von der Familie Gussoni gestiftete Kirche wurde zu Ehren der Göttlichen Weisheit – griechisch *sofia* – erbaut. Nach Umgestaltungen und Erneuerungen in den Jahren 1225, 1568 und 1698 brannte der Sakralbau am 28. Februar 1760 nieder und wurde gleich darauf wiedererrichtet. 1810 wurde die Kirche Santa Sofia geschlossen und von der Königlichen Regierung an die israelitische Gemeinde verkauft. 1836 erwarb Giovan Battista Rebellini das Gebäude, woraufhin es Filialkirche der *parrocchia* San Felice wurde. Wie schon in der Ansicht von Jacopo de' Barbari ist die Fassade noch heute hinter Häusern versteckt. Unter den Priestern der Kirche Santa Sofia herrschten nicht immer wohlanständige Sitten, vielmehr lösten die Pfarrer des öfteren Skandale aus: Vito Pugliese etwa wurde am 22. Juni 1461 wegen seiner Liebesbeziehung zu Lucia, der Gattin des Tuchhändlers Agostino da Feltre, zu lebenslanger Haft verurteilt.

Der bei de' Barbari dargestellte Backsteinturm ist mit doppelten Rundbogenblenden versehen und wird überragt von einer Glockenkammer mit Drillingsarkaden, die einen oktogonalen Tambour trägt. Den Abschluß des Campanile bildet eine achteckige Spitze. Der Turmkörper des gegenwärtigen Campanile ist der des 13. Jahrhunderts. Allerdings öffnet sich das Klanggeschoß in hohen, schmalen Biforien mit eingestellten Balustraden. Tambour und polygonales Dach sind heute verschwunden und durch ein Pyramidendach ersetzt.

San Stae

Sant'Eustachio
Santa Croce
Höhe: 34 m
keine Glocken

> 65, 163, 193, 204

Die in weit zurückliegenden und unsicheren Zeiten gegründete Kirche San Stae gilt als Stiftung der Familie del Corno, während in der *Cronaca* des Girolamo Savina (Tassini) behauptet wird, der Sakralbau gehe als Schenkung der Familien Trono, Giusto und Odoaldo auf das Jahr 966 zurück. In seiner Beschreibung des Brandes von 1105 erwähnt Dandolo (Tassini) die Kirche San Stae mit keinem Wort. Corner folgert daraus ein späteres Gründungsdatum, dies vor allem, da das erste von ihm entdeckte Dokument aus dem Jahre 1290 stammt. In de' Barbaris Druck erhebt sich die dreischiffige Kirche parallel zum Canal Grande. Der ein wenig abgerückte Glockenturm steht seitlich neben der Fassade an der gleichen Stelle wie der gegenwärtige Campanile.

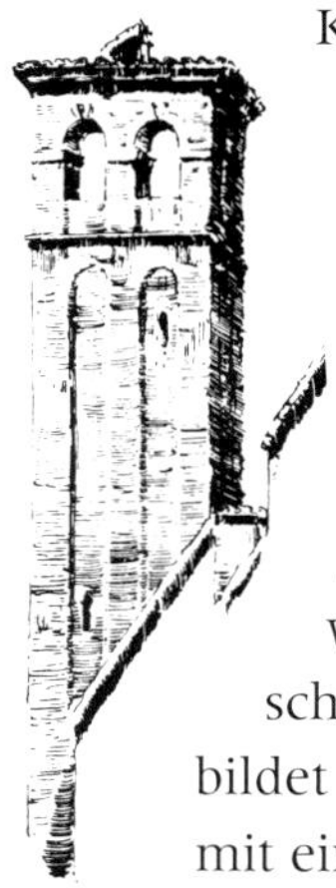

Der Sakralbau in seiner heutigen Form wurde 1678 nach einem Entwurf von Giovanni Grassi begonnen. Es handelt sich um ein einschiffiges Gebäude mit drei großen Kapellen und mit Säulen kompositer Ordnung. Die Fassade, ein Beispiel barocker Prachtentfaltung, wurde auf den Wunsch des Dogen Alvise Mocenigo Anfang des 18. Jahrhunderts angefügt. Von den zwölf dafür vorgeschlagenen Entwürfen fiel die Wahl auf das Projekt von Domenico Rossi. Erst kürzlich wurde die Kirche mit den Mitteln des Schweizerischen Komitees restauriert.

Der Glockenturm – er befindet sich heute insgesamt in einem bedenklichen Zustand und dient im unteren Teil als Wohnraum – stimmt mit jenem in der Darstellung von de' Barbari überein. In der Vedute jedoch fehlt das Dach. Auf dem durch Wandvorlagen akzentuierten Ziegelbau ruht das von weißen Kranzgesimsen gerahmte Glockengeschoß mit Zwillingsarkaden. Den Turmabschluß bildet heute ein besonders flaches Ziegeldach, das mit einer Gaupe versehen ist.

Santo Stefano

> 87, **172**, 198, 219

San Stin

Santo Stefano Confessore oder San Stefanino
San Polo
zerstört

Dem hl. Stefan, dem Bekenner, war eine San Stefanin oder auch San Stin genannte Pfarrkirche geweiht – nicht zu verwechseln mit der großen Konventskirche des Augustinerordens. Noch in unseren Tagen tragen Platz, *rio* und Brücke den Titel San Stin. Der Chronist Dandolo (Tassini) führt den Sakralbau unter den Kirchen auf, die während des Brandes von 1105 zerstört wurden. Nachdem das Gebäude 1259 neu errichtet worden war, unterzog man es zahlreichen Instandsetzungsmaßnahmen.

In de' Barbaris Stadtansicht erhebt sich der Campanile nahe dem Chor der dreischiffigen Kirche. Den Backsteinbau schmücken Rundbogenblenden, die Glockenstube ist durch Drillingsarkaden geöffnet, und das Kegeldach wird von vier Pinakeln gerahmt. Glockenturm und Kirche wurden kurz nach 1810 zerstört. In einer Ecke des von Häusern umstandenen *campo* ist der Sockel des Glockenturms mit den Spuren des ehemaligen Eingangs erhalten geblieben. Bis vor kurzem beherbergte der Gebäudestumpf zusammen mit den Resten einer Kapelle die Geschäftsräume eines Innenausstatters.

Santa Ternita

Santissima Trinità
Castello
zerstört

Dort wo sich heute das Wohnhaus mit der Nummer 3026 erhebt, wurde zwischen 1026 und 1032 eine Pfarrkirche errichtet, die die Familien Celsi und Sagredo gestiftet hatten. In der imposanten Kapelle rechts vom Hauptaltar wurden in der Grablege seiner mächtigen Familie die Reliquien des hl. Gherardo Sagredo aufbewahrt. Der Mönch aus dem Kloster San Giorgio Maggiore war am 24. September 1047 in Ungarn als Märtyrer gestorben. Im Zusammenhang mit der Überführung der Gebeine des hl. Märtyrers Anastasius nach Santa Ternita wurde der Sakralbau im 13. Jahrhundert restauriert. Die Kirche mußte sowohl 1507 als auch nach dem Brand des Arsenals von 1569 und 1721 erneuert werden. Nach ihrer Schließung am 25. Oktober 1810 und bis zu ihrem Abriß im Jahre 1832 wurde sie als Holzlager genutzt.

In de' Barbaris Vedute trägt der Glockenturm aus dem 14. Jahrhundert eine durch Biforien geöffnete Glockenkammer, auf deren Ecken vier Fialen aufgesetzt sind, die das Kegeldach einrahmen. Der Campanile ragt ein wenig entfernt von der Kirche und umgeben von ärmlichen Häusern in einer Ecke des *campo* auf. Nach dem Abbruch der Kirche blieb der zur Hälfte abgetragene Turm erhalten und wurde als Wohnraum genutzt. Am 13. Dezember 1880 schließlich stürzte das Gebäude ohne vorherige Anzeichen in sich zusammen und begrub den Maschinisten Giovanni Baratelli unter sich, der allerdings unversehrt befreit werden konnte.

San Tomà

San Tommaso Apostolo
San Polo
Turmstumpf

Die 917 von der Familie Miani errichtete Kirche San Tomà wurde nach einer Erneuerung 1395 im Jahre 1508 vergrößert und wenig später restauriert. Zwischen 1666 und 1672 wurde dem Bau eine reich gestaltete Steinfassade vorgeblendet. Entgegen der Angabe in einem Stich bei Luca Carlevaris geht der Entwurf für die Schauseite nicht auf Alessandro Tremignon, sondern auf Baldassare Longhena zurück. 1742 baute Francesco Bognolo die Anlage wieder auf, die 1807 geweiht wurde. San Tomà diente bis 1810 als Pfarrkirche. Danach, zwischen 1835 und 1867, hielten die Mönche des Minoritenordens dort die Messe. Als Filialkirche von Santa Maria Gloriosa dei Frari ist das Gebäude heute nicht zugänglich.

Tassini berichtet, daß an einem Abend des Jahres 1574 »Nadalin da Trento, garbelador e ligador al Fontico dei Tedeschi« (Nadalin da Trento, Kornsieber und Packer im Speicherhaus der deutschen Kaufleute) gesehen wurde, als er mit einem Sack voller Zangen, Meißel und anderen für einen Einbruch nützlichen Werkzeugen auf den Schultern verstohlen in der Gegend herumschlich und versuchte, sich der Kultgegenstände zu bemächtigen, die für den Festtag des hl. Aniano hervorgeholt worden waren. Der Heilige war der Schutzpatron der Schuster, deren *scuola* gegenüber der Kirche lag. Man fand das Haus des Nadalin voller Diebesgut, das er aus den Scuole Grandi di San Marco und San Rocco entwendet hatte. Zusammen mit seiner Frau Cassandra wurde er ins Gefängnis geworfen. Mit einem Richterspruch vom 3. Dezember 1574 wurde er verurteilt, »appiccato e abbruciato in Piazzetta dopo i tormenti consueti« (nach den üblichen Folterqualen auf der Piazzetta aufgehängt und in Brand gesteckt) zu werden.

Jacopo de' Barbari hat den Campanile von San Tomà als einen von der Kirche abgerückten, quadratischen, gedrungenen und nicht sehr hohen Turm dargestellt. Die Glockenkammer weist Biforien auf und ist mit einem Pyramidendach gedeckt. Im Zuge der Restaurierungsarbeiten von 1809 war auf dem Turmstumpf ein Glockengiebel errichtet worden. Heute ist nur noch ein elf Meter hoher Gebäuderest erhalten, dessen Tür unter Bodenniveau ansetzt.

San Trovaso

San Gervasio e Protasio
Dorsoduro
Höhe: 53 m
handbetriebene Glocken
> 61, 92, 101, 189, 213, 220

Diese sehr frühe, den Heiligen Gervasius und Protasius gewidmete Kirche wurde 1028 mit den Mitteln der Familien Barbarigo und Caravella erneuert. Sie unterstand zwei Kirchenoberhäuptern: dem Patriarch von Grado und dem Bischof von Olivolo. Um ständige Streitigkeiten zu vermeiden, wurde 1041 eine Vereinbarung getroffen, der zufolge die Wahl und die Einsetzung des Vikars von beiden Prälaten vorzunehmen und der Vikar beiden zu Gehorsam verpflichtet war. Während des Brandes von 1105 wurde die Kirche San Trovaso zerstört. Mit den Spenden der Gläubigen konnte ein Neubau entstehen, der mit einem Narthex und einer nach griechischer Art gestalteten Kuppel versehen war. Von der sterblichen Hülle des hl. Märtyrers Grisogono, die während des Brandes entwendet und nach Zara (Zadar) überführt wurde, blieb nur ein Armknochen zurück. In der Nacht vom 11. auf den 12. September 1583 stürzte der Sakralbau ein, aber bereits am 26. Juli 1584 wurde der Grundstein für eine neue Kirche gelegt, die dank des Engagements von Pfarrer Domenico Leonardo nach nur sieben Jahren fertiggestellt werden konnte. Möglicherweise gehen die Pläne für die Anlage auf Andrea Palladio zurück. Wenig weiß man über die Geschichte des Campanile, der mit Sicherheit den gleichen Geschehnissen, Bränden und Umbauten ausgesetzt war wie der Kirchenbau.

Jacopo de' Barbari gibt den Glockenturm von San Trovaso als nicht besonders hohen Backsteinturm wieder, auf dem eine mit Drillingsarkaden ausgestattete und von einem Pyramidendach abgeschlossene Glockenkammer ruht. Der gegenwärtige Campanile besteht aus einem Ziegelkörper, der von einer durch Biforien geöffneten Glockenstube überragt wird. Zwischen die Arkaden, deren Bögen gestelzt sind, wurden Balustraden aus istrischem Kalkstein eingestellt. Betont wird das Klanggeschoß durch zwei Kranzgesimse, von denen das obere, abschließende mit einem Zahnschnitt verziert ist. Ein schmaler oktogonaler Tambour stützt das mit Bleiplatten gedeckte Dach, das die vormalige Kuppel ersetzt.

Le Vergini

Santa Maria delle Vergini
Castello
zerstört

Als Ugolino, Bischof von Ostia und späterer Papst Gregor IX., als Legat von Papst Honorius III. 1224 nach Venedig kam, forderte er den Dogen Pietro Ziani auf, einen Sakralbau mit dem Titel Santa Maria Nova zu errichten – in Erinnerung an jene in Palästina von den Sarazenen zerstörte Kirche. Unter der Jurisdiktion des Dogen entstanden Kirche und Konvent der Augustinerinnen. Jedes Jahr am 1. Mai besuchte der Doge das »le Vergini« (die Jungfrauen) genannte Kloster und empfing von der Äbtissin einen in Spitzen gehüllten, von einem filigranen Goldband umwundenen Blumenstrauß, während der Doge selbst jeder neuen Äbtissin den Brautring überreichte. In den Konvent der Vergini traten vornehmlich Mädchen aus Adelsfamilien ein, ohne jedoch ihre mondänen weltlichen Gewohnheiten aufzugeben.

Nach mehreren Bränden, Umbauten und Erneuerungen erhielt die Kirche im 15. Jahrhundert die Gestalt, wie sie in de' Barbaris Stadtansicht zu erkennen ist: ein dreischiffiges Gebäude mit einer dorischen Vorhalle, allerdings ohne direkten Zugang zu einer öffentlichen Straße. Dieser Vorbau erscheint auch in einer heute im Museo Correr verwahrten Miniatur aus dem 16. Jahrhundert. Der Konvent Le Vergini unterstand den Bauleitern der Procuratia de Supra, die zwischen 1547 und 1549 den Architekten Bergamasco – er hatte bereits an der Cappella Miani und an der Kirche San Michele in Isola mitgearbeitet – beauftragten, die Kirche instand zu setzen. Sowohl Paoletti (Tassini), als auch Cicogna sprechen von Baumaßnahmen, die Innenraum und Außenbau betrafen. Die mit der Zeit immer reichere und wertvollere Ausstattung des Sakralbaus – sie reichte von einem Kruzifix von Albrecht Dürer bis zum Altar von Baldassare Longhena – wurde im Zuge der Auflösung des Konvents in alle Winde verstreut. Lediglich ein Relief mit Gottvater, der Muttergottes und Heiligen ist an der Außenmauer des Arsenals erhalten geblieben. Im Jahre 1806 gingen die Gebäude von Le Vergini an die venezianische Marine über, und 1809 wurde die Kirche in ein Zuchthaus umgewandelt. Nach dem Abbruch des Chores im Jahre 1822 wurden 1844 auch die restlichen Gebäudeteile zerstört.

Der in Jacopo de' Barbaris Stadtansicht sowie in vielen anderen Veduten abgebildete wuchtige Glockenturm stellt sich als Ziegelbau mit doppelten Rundbogenblenden dar. Darüber erhebt sich eine Glockenkammer mit spitzbogigen Drillingsarkaden und einer Pyramidenspitze, gerahmt von vier Pinakeln. Zwischen 1844 und 1869 wurde der Campanile abgetragen, um an seiner Stelle ein Trockendock zu errichten.

San Vidal

San Vitale
San Marco
Höhe: 29 m
elektromechanisch betriebene Glocken

Der Doge Vitale Falier stiftete 1084 die Kirche San Vidal, die während des Brandes von 1105 einstürzte, unverzüglich wiederaufgebaut wurde und schließlich im Laufe des 12. Jahrhunderts auf Betreiben des Pfarrers Teodoro Tessari nach den Plänen von Antonio Gaspari vollkommen neu errichtet wurde. Hingegen stammt die später als Vermächtnis des Dogen Carlo Contarini ausgeführte Fassade von Andrea Tirali. Jedes Jahr am Festtag des hl. Vitalis begab sich der Klerus der Kirche als Prozessionszug zur nahegelegenen Gondelfähre, um zum Kapitel der Kirche San Gervasio e Protasio zu gelangen. Dann überreichten die Geistlichen von San Vidal den Kapitularen von San Gervasio e Protasio ein Blumensträußchen und forderten sie auf, die Messe zu feiern – schließlich war der hl. Vitalis der Vater der beiden heiligen Märtyrer Gervasius und Protasius.

Der in de' Barbaris Ansicht dargestellte Glockenturm geht auf das 12. Jahrhundert zurück und ersetzt den ursprünglichen, 1084 errichteten Campanile, der bei dem Brand von 1105 zerstört wurde. Nach dem Erdbeben am 25. Januar 1347 mußte der Bau instand gesetzt werden. Seine Glockenkammer öffnet sich in Drillingsarkaden, und das spitz zulaufende Dach ist mit Bleiplatten verkleidet. Der noch heute bestehende Glockenturm wurde 1680 gleichzeitig mit dem Kirchenbau erneuert. Seine Klangarkade ist mit großen Biforien ausgestattet, die von istrischem Kalkstein gerahmt werden. Die Turmspitze ist ziegelgedeckt. Am Fuß des Glockenturms befinden sich zwei eingemauerte Marmorfragmente, die Sansovino zufolge aus Pola (Pula) stammen und einstmals eine römische Gedenktafel bildeten. Der Campanile mußte immer wieder – so auch in den Jahren 1902 und 1903 – restauriert werden. Die letzte tiefgreifende Sanierung erfolgte in den letzten Monaten des Jahres 2000.

San Vio

San Vito e Modesto
Dorsoduro
zerstört

Als Stiftung der Familien Vido und Balbi entstand im Jahre 912 die Pfarrkirche San Vio. Nachdem der Untergrund sich gesenkt hatte, wurde die Kirche als dreischiffige Anlage zusammen mit dem Campanile Anfang des 14. Jahrhunderts wiederaufgebaut. Dies geschah auf Kosten des Staates als Dank für die gelungene Niederschlagung der Verschwörung von Baiamonte Tiepolo, die sich genau am 15. Juni 1310, am Feiertag des hl. Vitus, zugetragen hatte. Als Baumaterialien wurden zum Teil Fragmente des zerstörten Palazzo Tiepolo benutzt, so daß etwa das ehemalige Eingangstor des Palasts nun als Kirchenportal Verwendung fand. Alljährlich am Gedenktag begab sich der Doge mit dem Rat, den Mitbrüdern der sechs *Scuole Grandi*, den neun Kongregationen des Klerus sowie dem Kapitel der Kathedrale von San Pietro di Castello nach San Vio. Einen Eindruck von dieser Prozession vermittelt das Gemälde von Matteo Ponzone, das sich im Dogenpalast befindet. Nach der Aufgabe der Kirche im Jahre 1808 wurden die Gebäude 1813 abgerissen. 1820 kaufte der Maurermeister Gaspare Biondetti das Grundstück und errichtete darauf eine Kapelle, die am 25. Juni 1865 für die Meßfeier eröffnet wurde. Heute dient der Bau nicht mehr für den Gottesdienst, sondern ist das recht originelle Wohnhaus von Piero Pinto.

In de' Barbaris Holzschnitt ist der massive Glockenturm aus dem Jahre 1310 zu erkennen, der 1813 abgetragen wurde. Der durch Rundbogenblenden akzentuierte Backsteinbau erhebt sich neben der Kirchenfassade und trägt die in Biforien geöffnete Glockenstube, die von einer bleigedeckten Pyramidenspitze bekrönt wird.

San Zaccaria

San Zaccaria Profeta
Castello
Höhe: 24 m
handbetriebene Glocken
> 47, 49, 72, 103, 141, 205

San Zaccaria entstand im siebten Jahrhundert als Gründung des hl. Magnus auf der kleinen Insel Ombriola. Dem von Beginn an zur Pfarrkirche erhobenen Sakralbau schlossen die Dogen Angelo und Giustiniano Partecipazio ein Zönobium der Benediktinerinnen an. Anlaß dafür war die Translation des Leichnams des hl. Zacharias nach Venedig, ein Geschenk Leos V., des armenischen Kaisers. Papst Benedikt III., der 855 im Konvent vor dem Gegenpapst Anastasius Zuflucht gesucht hatte, überließ dem Kloster zahlreiche Reliquien. Dank einer Reihe von Schenkungen, zu denen auch Grundstücke auf dem Festland zählten, kam der Benediktinerinnenkonvent im 10. und 11. Jahrhundert zu großem Reichtum, so daß er zu einem gesellschaftlich hochangesehenen Ort wurde. Der Konvent stand unter dem direkten Schutz des Dogen und entwickelte sich zur bevorzugten Erziehungsanstalt für die Töchter des Adels.

Unter dem Dogen Orso Partecipazio neu erbaut, wurden die Konventsgebäude und die Kirche – acht Dogen waren dort bestattet – während des Brandes von 1105 zerstört, und einhundert Ordensschwestern erstickten in den Rauchschwaden. Das Kloster verfügte über außerordentliche Privilegien. So besaßen die Nonnen etwa ein Besucherzimmer, in dem sie – wie für das 18. Jahrhundert überliefert ist – Feste und Maskenbälle veranstalteten. Davon zeugt ein Gemälde von Pietro Longhi, das sich heute in der Ca' Rezzonico befindet.

Sanudo berichtet, daß bereits Patriarch Zuan de Anzolo von San Severino am ersten Tag im Juli des Jahres 1514 seinem Vikar sowie einigen Hauptmännern und Offizieren die Aufgabe übertragen hatte, das Besucherzimmer zu schließen. Als die Männer allerdings von den Nonnen mit einem Steinhagel empfangen wurden, mußten sie Reißaus nehmen. Um die Ordensschwestern zur Vernunft zu bringen, blieb dem Consiglio dei Dieci, dem Rat der Zehn, nichts anderes übrig, als Türen und Fenster vermauern zu lassen.

Der gleichzeitig mit der Kirche erbaute Glockenturm wurde im 11. Jahrhundert niedergerissen und im 14. Jahrhundert mit den Bruchstücken wiederaufgebaut. Jacopo de' Barbari zeigt den Campanile in seiner Venediganansicht mit einer bleiverkleideten Pyramidenspitze. Im Jahre 1510 ließ eine Wasserhose Spitze und Klangarkade herabstürzen, die 1520 in der Form erneuert wurden, wie sie heute zu sehen sind. Der Ziegelbaukörper setzt ohne Sockel unmittelbar auf dem Erdboden auf und ist mit zwei Rundbogenblenden geschmückt, die jeweils in kleinen Doppelbögen enden. Die Glockenkammer öffnet sich durch Drillingsarkaden, deren Bögen auf Säulchen mit Würfelkapitellen aus istrischem Kalkstein ruhen. In die Fensteröffnungen sind Geländer aus dem gleichen Material eingestellt. Unterhalb des ziegelgedeckten Pyramidendachs verläuft ein aus Backsteinen gestalteter Rundbogenfries.

San Zan Degolà

San Giovanni Decollato
Santa Croce
Höhe: 20 m
handbetriebene Glocken
> 169

Die 1007 von der Familie Venier gegründete Kirche wurde 1213 mit den Spenden der Pesaro wiederaufgebaut und noch einmal 1703 erneuert. 1810 jeglicher Ausstattung beraubt, unterzog man den Sakralbau 1818 einer tiefgreifenden Restaurierung, so daß die Kirche für die Meßfeier wiedereröffnet werden konnte. Trotz der vielfachen Umgestaltungen bewahrte der Bau die veneto-byzantinische Konzeption. Während der Instandsetzung des Jahres 1942 kamen in der Apsis der linken Seitenkapelle einige Fresken von bemerkenswerter Qualität zutage.

In der Stadtansicht von Jacopo de' Barbari erhebt sich der Campanile ein wenig von der Kirche entfernt inmitten des Platzes. Er ist wesentlich höher als der heutige Turm und besteht aus einem vollkommen aus Ziegelstein errichteten Baukörper, der mit doppelten Rundbogenblenden ausgestattet ist. Die Glockenstube öffnet sich durch Drillingsarkaden und trägt auf den vier Ecken kleine Pinakel, die die kegelförmige Spitze akzentuieren. Der gegenwärtige, zwischen der Apsis der Kirche und den Häusern eingebaute Campanile ist verputzt und wird von einer Glockenkammer überragt, die sich durch Biforien öffnet und mit einem ziegelgedeckten Dach abschließt.

San Zani Novo

San Giovanni Novo oder San Giovanni in Olio

Castello

zerstört

Die von der Familie Trevisan 968 gestiftete Kirche wurde im 15. Jahrhundert erneuert und 1463 geweiht. Sansovino glaubt, daß sie ein weiteres Mal 1520 instand gesetzt worden sei und schließlich im Jahre 1762 als vollkommener Neubau errichtet wurde. Die neue Kirche konnte dank der Spenden der Gläubigen nach den Plänen von Matteo Lucchesi entstehen, der mit diesem Bau das Vorhaben verband, die Fehler bei Palladios Basilika Il Redentore zu korrigieren. Die Fassade ist unvollendet. San Zani Novo diente bis 1808 als *chiesa parrocchiale*, wurde daraufhin erste Filialkirche von San Marco und gehörte ab 1810 zum Kirchensprengel von San Zaccaria.

In der Stadtansicht von Jacopo de' Barbari ist der Campanile als Ziegelsteinbau dargestellt, den nur eine Rundbogenblende verziert und der eine Glockenstube mit Biforien stützt. Die Wände des auf der Klangarkade ruhenden Tambours werden durch Blendbögen modelliert. Den Turmabschluß bildet eine kegelförmige Spitze. Nach seiner Zerstörung im Jahre 1762 ersetzte Lucchesi den Campanile durch einen Glockengiebel.

San Zulian

San Giuliano

San Marco

handbetriebene Glocken

> 164, 206

Den ersten Kirchenbau von San Zulian errichtete Giovanni Marturio unter dem Dogen Giovanni Partecipazio (829 - 836), so geht es zumindest aus der Inschrift unter dem Dogenporträt in der Sala del Maggior Consiglio des Dogenpalasts hervor. Nachdem das Gebäude während des Brandes von 1105 zerstört worden war, stiftete Sansovino zufolge die Familie Balbi einen Neubau. Mitte des 15. Jahrhunderts drohte die Kirche zusammenzubrechen.

1553 erneuerte Jacopo Sansovino ihre Fassade, und nach dem Einsturz der Decke setzte der Baumeister mit Hilfe von Alessandro Vittoria auch das Kircheninnere instand. Einen Großteil der Kosten trug der aus Ravenna stammende jüdische Arzt und Philologe Tommaso Rangone, der die Fassade auf diese Weise zu seinem Monument machte. Aus istrischem Stein in klassischem Formenrepertoire gestaltet, zeichnet sich die Schauseite durch schwere Säulen und dorische Pilaster aus. Zwischen den Säulen preisen auf in Stein gehauenen Schriftrollen griechische und hebräische Inschriften die Gelehrtheit und die Freigiebigkeit des Humanisten, während über dem Portal – umrahmt von einem Triumphbogen – eine gleichfalls von Sansovino geschaffene Bronzeskulptur aus dem Jahr 1554 Rangone sitzend und von Himmelskörpern und Lehrbüchern umgeben darstellt.

Der Wissenschaftler verstarb am 10. September 1577 im Alter von 95 Jahren. In seinen testamentarischen Verfügungen wünschte er ein pompöses Begräbnis mit drei Laudationes. Der Trauerzug sollte von der Piazza San Marco, wo Rangone gewohnt hatte, durch die halbe Stadt führen, während die Kirchenglocken Sturm läuteten und der Klerus den Sarg mit dem Kreuz und mit Weihwasser zu segnen hatte. Rangones Grabmal im Chor der Kirche San Zulian war mit einem rühmenden Epigraph versehen. Als 1822 die Gebeine der hier Bestatteten umgebettet werden mußten, wurde die Gedenkplatte weggehoben und mit dem Sarkophag in das Patriarchalseminar verbracht. Dort stellte man fest, daß der Sarkophag aus Carraramarmor in Form eines menschlichen Körpers gestaltet war. Er wurde dem Bestattungsunternehmer überlassen, wohingegen die Gebeine dieser eitlen Person auf die Insel von Sant'Ariano transferiert wurden. Die 1580 geweihte ehemalige Pfarrkirche wurde 1810 Filialkirche von San Marco und gehört heute zum Kirchensprengel von San Salvador.

Der bei de' Barbari gezeigte Glockenturm geht vermutlich auf das Jahr 1080 zurück und wurde zugleich mit der zweiten Kirche errichtet. Den Backsteinkörper gliedern doppelte Rundbogenblenden. Die Glockenstube öffnet sich durch Drillingsarkaden und schließt mit einer kegelförmigen, von vier Fialen umfangenen Spitze ab. Der heutige Campanile entstand 1775 zwischen dem Chor und der Sakristei. Er gehört zu den wenigen Glockentürmen in Venedig, die direkt auf dem Kirchendach aufsitzen. Der Ziegelbau trägt eine Klangarkade mit von Pilastern gerahmten Rundbogenöffnungen. Den Abschluß bildet eine doppelt eingeschnürte Zwiebelkuppel.

Bibliographie

Ackerman, James S., *Palladio*, Turin, Einaudi, 1972.

Gli Agostiniani a Venezia e la chiesa di Santo Stefano, Venedig, Istituto Veneto di Scienze Lettere ed Arti, 1995.

Agostini degli, Giovanni, *Istoria degli scrittori veneziani*, Venedig, 1754.

Albarini, Costanzo, *Il campanile di San Francesco della Vigna*, Verona, 1925.

Alberti, Leon Battista, *L'Architettura. De re aedificatoria*, Mailand, Edizioni Polifilo, 1966.

Archivio di Stato di Venezia, *Testimonianze Palladiane*, Ausst.Kat. 28. Juni bis 28. September 1980, Venedig, 1980.

Archivio storico della Curia Patriarcale di Venezia, *Inventario delle chiese parrocchiali*.

Bairati Cesare, *La simmetria dinamica. Scienza ed arte nell-architettura classica*, Mailand, Politecnica Tamburini, 1952.

Balistreri-Trincanato, Corrado, Zanverdiani, Dario, *Jacopo de' Barbari, Il racconto di una città*, Mestre, Cetid, 2000.

Basaldella, Francesco, *Giudecca. Cenni storici*, Venedig, 1983.

Bassi, Elena, *Architettura del Sei e Settecento a Venezia*, Neapel, Edizioni scientifiche italiane, 1962.

Bassi, Elena, *Tracce di chiese veneziane distrutte. Ricostruzioni dai disegni di Antonio Visentini. Memorie*, Bd. LXXI, Venedig, Istituto Veneto di Scienze, Lettere ed Arti, 1997.

Battistella, Antonio, *La Repubblica di Venezia nei suoi undici secoli*, Venedig, Ferrari, 1921.

Bellavitis, Giorgio, Romanelli, Giandomenico, *Venezia*, Rom-Bari, Laterza, 1985.

Bellini, Jacopo, *L'album dei disegni del Louvre*, Mailand, Jaca Book, 1984.

Bettagno, Sergio, Kowalczyk, Bozena Anna, *Canaletto prima maniera, Catalogo della mostra 18 marzo – 10 giugno 2001*, Mailand, Fondazione Cini, Electa, 2001.

Bettini, Sergio (Hrsg.), *Venezia e Bisanzio*, Ausst.Kat. 8. Juni bis 30. September 1974, Venedig, Alfieri, 1974.

Biadene, S. e Romanelli, G., *Venezia Piante e vedute, Catalogo della mostra*, Mailand, 1895.

Bonfanti Licinio, *La Giudecca, nella storia-nell'arte-nella vita*, Venedig, Libreria Emiliana Editrice, Juli 1930, VIII.

Boschini, Marco, *I Gioieli pittoreschi*, Venedig, Francesco Nicolini, 1676.

Boucher, Bruce, *Andrea Palladio: The Architect in His Time*, New York, Abbeville, 1994.

Branca, Vittore (Hrsg.), *Barocco europeo e barocco veneziano*, Florenz, Sansoni, 1962.

Bresolin, Aureliano, *Venezia. Chiesa di San Lazzaro dei Mendicanti*, Padua, Deganello.

Burani, Giornale, 1794.

Callegari e Salvagno, *Il campanile di San Marco-Cenni storici*, Venedig, 1902.

Il Campanile di San Giorgio dei Greci, Mestre, 1904.

Il Campanile di San Marco, Il Crollo e la ricostruzione 14 luglio 1902 – 25 aprile 1912, Silvana Editoriale, 1992.

Campanili e Torri, Le strumentazioni di controllo il monitoraggio la diagnostica, Enzo Cuciniello und Gianni Menin, »Il campanile della chiesa di Santo Stefano«, Venedig, Cluva, 1991, S. 81.

Canaletto und Visentini, *Urbis Venetiarum Prospectus celebriores*, Venedig, 1751.

Caniato, Giovanni, Dal Borgo, Michaela, *Le arti edili a Venezia*, Rom, Edil Stampa, 1990.

Cantalamessa, *Scritti d'arte inediti (1913-1923)*, Papetti, Stefano (Hrsg.), I Quaderni della Biblioteca Civica, Ascoli Piceno, Grafica Piceno, 1997 .

Cappelletti, Giovanni, *Storia della Chiesa di Venezia*, Venedig, 1885.

Carlevarijs Luca, *Le fabbriche e vedute di Venezia, disegnate, poste in prospettiva e intagliate, con privilegii*, Venedig, 1703.

Casoni, Giovanni, *Sopra un singolare apparato di fondazione*, Bd. I, Serie III, Atti dell'Istituto Veneto, Antonelli, 1856.

Cassini, Giocondo, *Piante e vedute prospettiche di Venezia (1479-1855)*, Venedig, 1971.

Cicogna, Pasquale, *Iscrizioni veneziane raccolte ed illustrate*, Venedig, 1824-1853.

Cicognara, Diedo, Selva, *Le fabbriche più cospique di Venezia*, Venedig, 1840.

Cippollato E. Nozze Levi-Shiff, *Satira in dialetto veneziano contro la demolizione del campanile di S. Maria Zobenigo nel 1775*, Venedig, 1886.

Cocina, Ennio, *Kirchen in Venedig*, München, Hirmer, 1996.

Concina, Ennio, *Pietre Parole Storia*, Venedig, Marsilio, 1988.

Concina, Ennio, *Una fabbrica »in mezzo alla città«: La chiesa e il convento di San Salvador* in »Progetto S. Salvador«, Venedig, Marsilio, 1988.

Concina, Ennio, *Storia dell' architettura di Venezia dal VII al XX secolo*, Mailand, Electa, 1995.

Cordingley (Hrsg.), *Normand's parallel of the orders of architecture, Greek, Roman and Renaissance*, London, Alec Tiranti ltd., 1959.

Corner, Flaminio, *Ecclesiae venetae et torcellaneae antiquis monumentis illustratae*, Venedig, 18 Bde., G.B. Pasquali, 1749.

Corner, Flaminio, *Notizie storiche delle chiese e monasteri di Venezia e di Torcello*, Padua, Stamperia del Seminario G. Manfrè, 1758.

Coronelli, Vincenzo, *Isolario dell'Atlante Veneto*, Venedig, 1696.

Coronelli, Vincenzo, *Singolarità di Venezia, Vedute, chiese, isole*, Venedig, 1710.

Coryat, Thomas, *Crudezze. Viaggio in Francia e in Italia 1608*, hrsg. von Franco Marengo und Antonio Meo, Mailand, Longanesi, 1975.

Da Canal, Martino, *Les Histoires de Venise (Cronaca veneziana in lingua francese, dalle origini al 1275)* hrsg. von A. Limentani, Florenz, Olschki, 1972.

Da Mosto, Andrea, *I dogi di Venezia nella vita pubblica e privata*, Mailand, Martello, 1966.

Damerini, Gino, *L'isola e il cenobio di San Giorgio Maggiore*, Venedig, Fondazione Cini, 1969.

Degenhart, Bernard, Schmitt, Annegrit, *Jacopo Bellini, L'album dei disegni del Louvre*, Mailand, Jaca Book, 1984.

Dissertazione sui campanili di Venezia, Venedig, 1891.

Doglioni, Giovanni Nicolò, *La città di Venetia con l'origine e il governo di quella... Parte seconda*, in Venetia, Appresso Antonio Turini, ad istanza di Giacomo Franco, 1614.

Dorigo, Wladimiro, *Venezia. Origini*, Mailand, Electa, 1983.

Epherussi, Charles, *Notes biographiques sur Jacopo de' Barbari*, Paris, Imprimerie de D. Jaust, 1876.

Falchetta, Piero, »*La misura dipinta Rilettura tecnica e semantica della veduta di Venezia di Jacopo de' Barbari*«, Auszug aus Ateneo Veneto, Venedig, 1991.

Fasoli, G., *La Storia di Venezia*, Bologna, 1958.

Favretto, Irene, Da Villa, Urbani (Hrsg.), *Arazzi e tappeti dei Dogi nella Basilica di San Marco*, Venedig, Marsilio, 1999.

Fazzini, Gerolamo, *Campane e Campanili*, V. 2/3 September 1995, Venedig, Archeo.

Ferrari, Francesco, Il *Francescanesimo nel Veneto*, Bologna, Documentazione Scientifica Editrice, 1990.

Filiasi, J., *Memorie storiche de' Veneti, primi e secondi*, Padua, 1881-1814.

Filze dei Camerlenghi, MDXXIX-MDLIX, Biblioteca Andrighetti-Marcello.

Fiocco, Giuseppe, *Voci monografiche dell'Enciclopedia Italiana*, Bd. II, S. 434-435, E.I., 1931.

Il Forestiero Illuminato, Intorno alle cose più rare e curiose antiche e moderne della città di Venezia, Venedig, 1740.

Foscari, Antonio, Tafuri, Manfredo, *L'Armonia e i Conflitti*, Turin, Einaudi, 1983.

Franzoi, Umberto, Di Stefano, Dino, *Le chiese di Venezia*, Venedig, Alfieri, 1976.

Franzoi, Umberto, Smith, Mark, *Der Canal Grande*, München, Hirmer, 2. Aufl. 2001.

Galliazzo, Vittorio, Codato Piero, Venchierutti, Massimo, *Die Adria, Kunst und Kultur an der nördlichen Adriaküste*, München, Hirmer, 2002.

Gallicciolli G.B., *Delle memorie venete antiche profane ed ecclesiastiche*, Venedig, 1795.

Gallo, Rodolfo, *Vincenzo Scamozzi e la chiesa di S. Nicolò da Tolentino di Venezia*, Auszug aus Atti dell'Istituto Veneto di Scienze, Lettere ed Arti, Anno Accademico 1958-59, Bd. CXVII.

Garlato, Achille, *Venezia Minore*, Florenz, 1963.

Gattinoni, Gregorio, *Il campanile di San Marco*, Venedig, Giovanni Fabbris editore (nummerierte Ausgabe 1-1000), MCMX.

Gemin, Massimo, Pedrocco, Filippo, *Giambattista Tiepolo, Leben und Werk*, München, Hirmer 1995.

Gentili, Augusto, *Le storie di Carpaccio*, Venedig, Marsilio, 1996.

Giampiccoli, Marco Sebastiano, *Prospetto della Città di Venezia*, Venedig, 1797-99, II stato 1803-1807.

I giochi veneziani del Settecento nei dipinti di Gabriele Bella, Venedig, Alfieri, 1978.

Index Librorum Consilii Rogatorum (ms. in Marciana).

Giornale delle Cose del Mondo dal 1621 al 1623.

Goffen, Rona, Nepi Sciré, Giovanna (Hrsg.), *Il Colore Ritrovato, Bellini a Venezia*, Martellago, Electa, 2000.

Gradenigo, Pietro, *Notizie d'arte tratte dai notatori*, Venedig, Grevembroch Giovanni, 1942.

Hervesy de, André, *Jacopo de' Barbari, Le Maitre au coducée*, Paris und Brüssel, G. Vauoest, 1925.

Ivanoff, Nicola, *Venezia San Giorgio Maggiore, tesori d'arte cristiana*, Fasz. Nr. 74, 29. Juli 1967.

Ivanovich, Cristoforo, *Minerva a tavolino*, Venedig, N. Pezzana, 1681.

James, Henry, *Italian Hours*, New York, Grove Press, 1959.

Jasseo, Nicandro, Pseud. (Azevedo), *Venetae Urbae descriptio*, Venedig, Tipografia ex Zattiano, 1780.

Kowalczyk, Bozena Anna, da Cortà Fumei, Monica, *Bernardo Bellotto 1722-1780*, Ausst.Kat. Museo Correr, 10-II/27-VI-2001, Mailand, Electa, 2001.

Kruse, Ingrid von, *Venedig, Stimmen zwischen Stein und Meer*, München, Hirmer, 1996.

Lane, Frederic C., *Storia di Venezia*, Turin, Einaudi, 1978.

Leonardo e Venezia, Mailand, Bompiani, 1992.

Levi, Cesare Augusto, *I Campanili di Venezia*, Venedig, Ongania, MDCCCXC, Illustrazioni Paoletti R.

Links, J.G., *Venice for Pleasure*, London, The Bodley Head, 1966.

Longhi, Roberto, *Viatico per cinque secoli di pittura veneziana*, Florenz, Sansoni, 1952.

Lorenzetti, Giulio, *Itinerario sansoviniano a Venezia*, hrsg. vom Comitato per le onoranze sansoviniane, Venedig, 1929.

Lorenzetti Giulio, *Venezia e il suo estuario*, Guida storico-artistica, Rom, Istituto Poligrafico dello Stato, Libreria dello Stato, 1956.

Lovisa, Domenico, *Il Gran Teatro delle pitture e prospettive di Venezia*, Venedig, 1720.

Lovisa, Domenico, *Il Gran Teatro di Venezia*, Venedig, 1715.

Maretto, Paolo, *L'edilizia gotica veneziana*, Venedig, Filippi, 1978.

Maretto, Paolo, *Venezia*, Genua, Vitali e Ghianda, 1969.

Mariacher, Giovanni, *Il Campanile di San Marco 1912-1962*, Venedig, 1962.

Mariacher, Giovanni, *Tempio del Santissimo Redentore*, Venedig-Bologna, Il Resto del Carlino, 1967.

Martinelli, Francesco, *Il ritratto di Venezia*, Venedig, 1684.

Mazzariol, G. und Pignatti, T., *La pianta prospettica di Venezia del 1500 disegnata da Jacopo de' Barbari*, Venedig, 1963.

Mazzucco, Gabriele (Hrsg.), *Monasteri benedettini nella laguna veneziana*, Venedig, Arsenale Editrice, 1983.

McAndrew, John, *Venetian Architecture of the Early Renaissance*, Cambridge (Mass.), London, MIT Press, 1980.

McCarthy, Mary, *Venice Observed*, New York, Harvest Book, Hrcuot, Brace & World, 1963.

Menin, Gianni, *Schede tecniche dei campanili di Venezia*, tesi di laurea, 1986.

Moldi Ravenna, Cristiana, Sammartini, Tudy, Berengo Gardin, Gianni, *Giardini segreti a Venezia*, Venedig, Arsenale Editrice, 1988.

Monumenta Veneta, CMC, Codice Gradenigo Dolfin, 228 III Venezia, Museo Correr.

Merian, Matthaeus, *Pianta prospettica di Venezia* in »Theatrum Europaeum«, Frankfurt, 1635.

Merlo, Giovanni, *Pianta prospettica di Venezia*, Venedig, 1696.

Molmenti, Pompeo, *La storia di Venezia nella vita privata dalle origini alla caduta della Repubblica*, Bergamo, Istituto italiano d'arti grafiche, 1922-1927.

Montaigne, Michel de, *Viaggio in Italia (1580-1581)*, Übersetzung von Irene Riboli, Mailand, Bompiani, 1942.

Morris, James, *The Venetian Empire: a Sea Voyage*, London -Boston, Faber and Faber, 1980.

Morris, James, *Venice*, London, Faber and Faber, 1960.

Moschini, Giannantonio, *Itinéraire de Venise*, Venedig, 1818.

Moschini Marconi, Sandra, *Gallerie dell'Accademia di Venezia. Opere d'arte dei secoli XIV e XV*, Rom, Istituto Poligrafico dello Stato, 1955.

Muraro, Michelangelo, Grabar, André, *Les trésors de Venise*, Genf, Skira, 1963.

Musatti, Ernesto, *Storia di Venezia dalle origini alla caduta della Repubblica*, Mailand, 1936 (Nachdruck: Venedig, 1968).

Musolino, Giovanni, *La Beata Giuliana di Collalto, Chiesa e monastero di San Biagio e Cataldo alla Giudecca*, Venedig, 1962.

Musolino, Giovanni, *Santa Lucia a Venezia; Storia, culto, arte*, Venedig, 1961.

Mutinelli, Fabio, *Annali delle Province Venete dall'anno 1804 al 1840*, Venedig.

Orlandini, *Sulle origini delle denominazioni stradali*, Venedig, o.J.

Pacioli, Luca, *De divina proportione*, hrsg. von Associazione fra le Casse di Risparmio Italiane di Roma, Mailand, Silvana Editoriale, 1982.

Pagan, Matteo, *Pianta di Venezia e delle lagune*, Venedig, 1559.

Paganuzzi, Giovanni Battista, *Iconografia delle 30 parrocchie di Venezia*, Venedig, 1821.

Palladio, Andrea, Bildatlas zum Gesamtwerk, hrsg. von Guido Beltramini und Antonio Padoan, München, Hirmer, 2002.

Palladio, Andrea, *I quattro libri dell'architettura*, Venedig, Domenico de Franceschi, 1570.

Paoletti, Ermolao, *Il fiore di Venezia*, 4 Bde., Venedig, Tipografia Fontana, 1842.

Paoletti, Pietro, *L'architettura e la scultura del Rinascimento in Venezia*, Venedig, 1893.

Pazzi, Piero, *Lo Stradario di Venezia*, Venedig, 2000.

Pavanello, Giuseppe, Romanelli, Giandomenico (Hrsg.), *Venezia nell'Ottocento: immagini e mito*, Ausst.Kat., Mailand, Electa, 1983.

Pedrocco, Filippo, *Tizian*, München, Hirmer, 2000.

Pertusi, Agostino (Hrsg.), *Venezia e l'Oriente fra tardo Medioevo e Rinascimento*, Florenz, Sansoni, 1966.

Pestriniero, Renato, *Accadimenti, Itinerari veneziani insoliti*, Rimini, Il Cerchio, 2000.

Pestriniero, Renato, Neil, Watson, *Cercare Venezia*, Treviso, Vianello Libri, 1999.

Piazza San Marco. L'architettura, la storia, le funzioni, Venedig, Marsilio, 1970.

Pignatti, Terisio, *Il quaderno dei disegni del Canaletto*, Mailand, Daria Guarnati, 1958.

Pignatti, Terisio, Pedrocco, Filippo, *Giorgione, Leben und Werk*, München, Hirmer, 1999.

Priuli, Girolamo, *I diarii, 1949-1512*, hrsg. von A. Segre et al., in »Rerum Italicorum Scriptores«, Bd. 24, 2. Aufl., Bologna-Città di Castello, S. Lapi, 1912-1933.

Puppi, Lionello, *Andrea Palladio*, Venedig, 1973, II.

Puppi, Lionello, *L'opera completa di Canaletto*, Mailand, Rizzoli, 1968.

Puppi, Lionello (Hrsg.), *Palladio a Venezia*, Florenz, Sansoni, 1982.

Puppi, Lionello, »*Venezia come Gerusalemme nella cultura figurativa del Rinascimento*«, in August Buck, Bodo Guthmiller (Hrsg.), *La città italiana del Rinascimento fra utopia e realtà*, Quaderno del Centro tedesco di studi veneziani, Nr. 27, Venedig, 1984.

Puppi, Lionello, Romanelli, Giandomenico (Hrsg.), *Le Venezie possibili. Da Palladio a Le Corbusier*, Ausst.Kat., Mailand, Electa, 1985.

Quadri, Antonio, *Huit jours à Venise*, Venedig, A. Bazzarini, 1838.

Quadri, Antonio, *Il Canal Grande di Venezia*, Venedig, 1838.

Raccolta Gherro, Museo Correr.

Reale, Isabella (Hrsg.), *Luca Carlevarijs, Le fabriche e Vedute di Venetia*, Venezia, Marsilio, 1995.

Renier, Michiel, G., *Origine delle feste veneziane*, Turin, 1830.

Ridolfi, Carlo, *Le meraviglie dell'arte ovvero le vite degli illustri pittori Veneti e dello Stato*, hrsg. von Detlev von Hadeln, 2 Bde., Berlin, 1914-21.

Ripa, Cesare, *Iconologia* (Rom 1593), anastatica, 2 Bde., Turin, Fogola, 1986.

Rizzi, Aldo, *Luca Carlevarijs*, Venedig, Alfieri, 1967.

Rognoni, Luciano, *Tarsie e intagli di Fra' Giovanni a Santa Maria in Organo a Verona*, Verona, 1985.

Romanelli, Giandomenico, *Venezia Ottocento. Materiali per una storia architettonica e urbanistica della città nel secolo XIX*, Rom, Officina, 1977.

Romanelli, Giandomenico, Smith, E. Mark, *Ritratto di Venezia*, Venedig, Arsenale Editrice, 1996.

Romanelli, Giandomenico, *La pianta di Jacopo de Barberi*, in The Venice International Foundation, Dezember 1999 – Nr. 3, S. 1.

Romanelli, Giandomenico, Smith, Mark E., *Venedig*, München, Hirmer, 1997.

Ruskin, John, *The stones of Venice*, London, Smith, Elder and Co., 1851-1853.

Sabellico, Marc'Antonio, *Del Sito di Venezia città*, 1502, hrsg. G. Meneghetti, Venedig, Stamperia Editrice, già Zanetti, 1957.

Saccardo, Giovanni, *L'eremita-Dissertazioni sui campanili di Venezia*, Venedig, tip Ex Cordella, 1891.

Sammartini, Tudy, *Die geheimen Gärten Venedigs*, München, Diederichs, 2. Aufl. 1995.

Sammartini, Tudy, Crozzoli, Gabriele, *Pavimenti a Venezia*, Ponzano (Treviso), Vianello Libri, 1999.

Sammartini, Tudi, Grozzoli, Gabriele, *Steinböden in Venedig*, München, Hirmer, 2000.

San Marco, Geschichte, Kunst und Kultur, München, Hirmer, 2001.

Sansovino, Francesco, *Venetia città nobilissima et singolare con le aggiunte di Giustiniano Martinoni*, Venedig, Stefano Curti, 1663.

Sanudo, Marin d.J., *De origine, situ et magistratibus urbis Venetae, ovvero La città di Venezia (1493-1530)*, hrsg. Angela Caracciolo Aricò, Mailand, Istituto editoriale cisalpino-goliardica, 1980.

Schulz, Juergen, *The printed plans and panoramic views of Venice (1486-1797)*, Florenz, Leo Olschki, 1970.

Scoto, Francesco, *Itinerario overo nova descrittione di viaggi principali d'Italia di Francesco Scoto aggiontavi in quest' ultima impressione le descrittioni di Udine*, Venedig, Gio' Pietro Brigonci, 1665.

Selincourt, Beryl de, Henderson May Stinge, *Venice*, New York, Dodd, Mead, 1907.

Selvatico, Pietro, *Sulla architettura e sulla scultura in Venezia dal Medioevo sino ai nostri giorni. Studi di P. Selvatico per servire di guida estetica*, Venedig, P. Ripamonti Carpano, 1847.

Serres, Michel, *Esthétiques Sur Carpaccio*, Paris, Hermann, 1975.

Servolini, Luigi, *Jacopo de' Barbari*, Padua, Le Tre Venezie, 1944.

Settis, Salvatore, *La »Tempesta« interpretata*, Turin, Einaudi, 1978.

Sgarbi, Vittorio, *Carpaccio, Leben und Werk*, München, Hirmer, 1999.

Shaw-Kennedy, Ronald, *Venice Rediscovered*, Philadelphia, Art Alliance Press, 1978.

Simonsfeld, H., *La Cronaca Altinate*, in »Archivio Veneto«, Bd. XIX, 1880.

Soràvia, *Le chiese di Venezia descritte e illustrate*, Venedig, 1822-27.

Succi, Sandro (Hrsg.), *Da Carlevarijs a Tiepolo. Incisori veneti e friulani del Settecento*, Venedig, Albrizzi, 1983.

Tafuri, Manfredo, *Venezia e il Rinascimento: religione, scienza, architettura*, Turin, Einaudi, 1985.

Tarsie Lignee della Basilica di San Marco, Rizzoli, 1998.

Tassini, Giuseppe, *Curiosità veneziane, ovvero origini delle denominazioni stradali*, hrsg. von Lino Moretti, Venedig, Filippi, 1964.

Tassini, Giuseppe, *Edifici di Venezia distrutti o volti ad altro uso da quello a cui furono in origine destinati*, Venedig, Filippi, 1969.

Temanza, Tomaso, *Vite di più celebri architetti e scultori veneziani che fiorirono nel secolo decimosesto*, Venedig, Stamperia C. Polese, 1778.

Temanza, Tomaso, *Zibaldone (1738-1778)*, hrsg. von Nicola Ivanoff, Venedig-Rom, Istituto per la Collaborazione Culturale, 1963.

Tempestini, Anchise, *Giovanni Bellini, Leben und Werk*, München, Hirmer, 1998.

Tiraboschi, Giacomo, *Vetera Humiliatorum*, Mailand, 1776.

Tomasutti, Girolamo, *Sulle condizioni reali del Campanile di Santo Stefano*, 1936.

Torres, Duilio, *Il campanile di San Marco, Nuovamente in pericolo?*, Venedig, Lombroso, 1953.

Tosini e Lazzari, *Vedute prospettiche de' migliori tempi, ecc.*, Venedig, 1929.

Toso Fei, Alberto, *Leggende veneziane e storie di fantasmi*, Venedig, Arsenale, 2000.

Trincanato, Egle Renata, *Venezia minore*, Venedig, Filippi, 1948.

Urban, Lina, *L'andata dogale a San Vio: Rituali, un quadro, una Beata, una chiesa*, in Studi Veneziani N.S. XXVIII, S. 191-202, Pisa, Giardini Editori, 1994.

Urban, Lina, *Processioni e feste dogali. »Venetia et mundus«*, Neri Pozza Editore, 1998.

Vasari, Giorgio, *Le vite de' più eccellenti pittori, scultori e architettori*, (1568), Florenz, A. Salani, 1927-32.

Vaudoyer, Jean-Louis, *Les délices de l'Italie*, Paris, Plon-Nourrit, 1924.

Venezia e Le Sue Lagune, 3 Bde., Venedig, Antonelli, 1847.

Venise au temps des galères, Paris, Hachette, 1968.

A volo d'uccello, Jacopo de Barberi e le rappresentazioni di città nell'Europa del Rinascimento, Venedig, Arsenale, 1999.

Whittick, Arnold (Hrsg.), *Ruskin's Venice*, London, George Godwin, 1976.

Wilson, Edward D., »The Right Place«, in Biophilia, Harward, University Press, 1984.

Zanette, Emilio, *Una monaca femminista del Seicento*, Auszug aus Atti del Reale Istituto Veneto di Scienze, Lettere ed Arti, Anno Accademico 1942-43, Bd. CII, Teil II: Cl. di scienze mor. e lett., S. 483-496.

Zanetti, Anton Maria, *Della pittura veneziana e delle opere pubbliche dei veneziani maestri*, Venedig, G. Storti, 1792.

Zanetti, Anton Maria, *Descrizione di tutte le pubbliche pitture della città di Venezia ed isole circonvicine* (Venedig, P. Basaglia, 1733), Bologna, A. Forni, 1980.

Zangirolami, Giovanni, *Storia delle chiese...* Venedig 1972.

Zanotto, Francesco, *Descrizione della Città*, in Venezia e le sue lagune, Bd. II, Teil II, S. 1-484, Venedig, Antonelli 1847.

Zanotto, Francesco, *Nuovissima guida di Venezia e delle isole della sua laguna*, Venezia, G. Brizeghel, 1865.

Zorzi, Alvise, *I Campanili di Venezia*, in Bell'Italia, Nr. 82, Februar 1993, S. 40-61, Mondadori Editore.

Zorzi, Alvise, *La Repubblica del Leone*, Mailand, Rusconi, 1979.

Zorzi, Alvise, *Venezia scomparsa*, Mailand, Electa, 1984.

Zucconi, Guido, *Venezia Guida all'architettura*, Venedig, Arsenale Editrice, 1993.

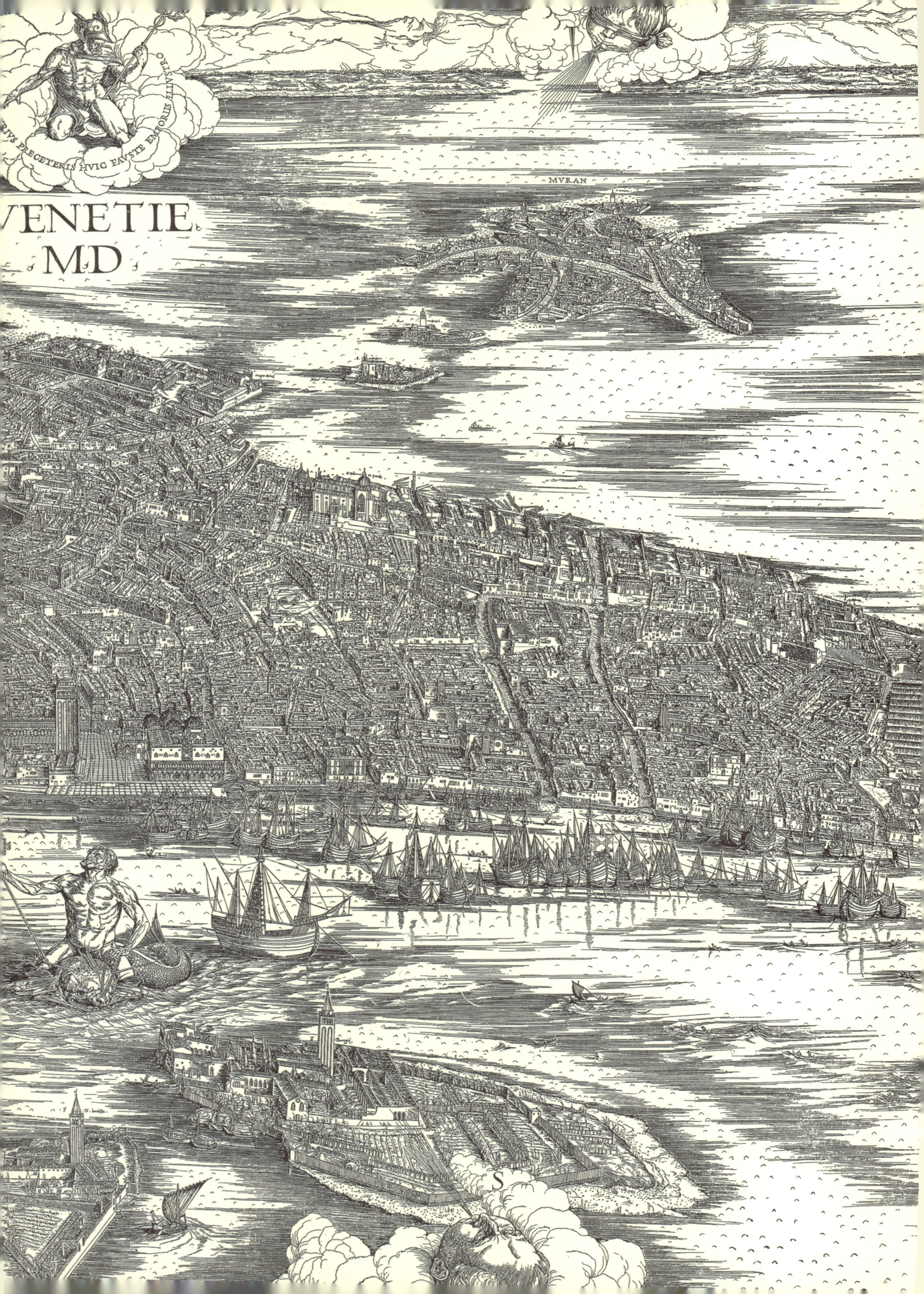
RIVS PRECETERIS HVIC FAVSTE EMPORIIS ILLVSTRO
VENETIE
MD
MVRAN
S